校园图书角必备藏书

脑筋急转弯

NAO JIN JI ZHUAN WAN

徐井才◎主编

新 华 出 版 社

图书在版编目（CIP）数据

脑筋急转弯/徐井才主编.
—北京：新华出版社，2013.2（2023.3重印）
ISBN 978-7-5166-0368-0-01

Ⅰ.①脑… Ⅱ.①徐… Ⅲ.①智力游戏—少儿读物 Ⅳ.①G898.2

中国版本图书馆 CIP 数据核字（2013）第024740号

脑筋急转弯

主　　编：徐井才

封面设计：睿莎浩影文化传媒　　**责任编辑**：沈文娟

出版发行：新华出版社
地　　址：北京石景山区京原路8号　　**邮　　编**：100040
网　　址：http：//www.xinhuapub.com
经　　销：新华书店
购书热线：010-63077122　　**中国新闻书店购书热线**：010-63072012

照　　排：北京东方视点数据技术有限公司
印　　刷：永清县晔盛亚胶印有限公司

成品尺寸：165mm×230mm
印　　张：12　　**字　　数**：180千字
版　　次：2013年3月第一版　　**印　　次**：2023年3月第三次印刷
书　　号：ISBN 978-7-5166-0368-0-01
定　　价：36.00元

目录

CONTENTS

第一部分 七大方法让你轻松"急转弯"

一、分析陷阱法 /2

二、寻找题眼法 /3

三、逆向思考法 /4

四、发散思维法 /5

五、跳跃联想法 /6

六、回归原点法 /7

七、谐音解答法 /8

第二部分 脑筋急转弯大全

文化知识类 /10

参考答案 /42

生活趣味类 /44

参考答案 /80

自然百科类 /83

参考答案 /118

文字游戏类 /120

参考答案 /150

幽默讽刺类 /152

参考答案 /187

第一部分

七大方法让你轻松“急转弯”

一 分析陷阱法

脑筋急转弯的题目中经常设置一些“陷阱”，让你走进去之后就回答不出问题来。这些小陷阱通常与生活中的思维习惯有关。

比如：

什么蛋不能吃？

这个题目就有一个陷阱，即“吃”。在生活中，鸭蛋、鸡蛋等都是能吃的东西，我们就很容易将答案与“吃的东西”联系在一起——“蛋都是能吃的啊，怎么会有不能吃的蛋呢？”

这样，我们就找不到答案了。只有走出“吃的东西”这个陷阱之后，才会想到不能吃的蛋有“笨蛋”、“傻蛋”、“蠢蛋”等。凡是与“蛋”能组成词的“不能吃”的都可以是答案。

二 寻找题眼法

脑筋急转弯是一种问答题的形式，既然是一种题，那肯定就是有题眼的。抓住题眼对回答问题起着至关重要的作用。

比如：

什么英文字母喜欢听的人最多？

这个题面的题眼就是“听”，英文字母本身都一样的，没有什么音乐节奏，为什么会有很多人喜欢听呢？答案肯定不仅仅是英文字母那么简单。既要能“听”，又要是英文字母，那就只有“CD”了，因为CD是一种唱片。

三 逆向思考法

逆向思考就是反过来分析问题，在脑筋急转弯中经常要反过来思考，不然很难找到答案。

比如：

什么水能买东西？

这个问题看似很简单，实际上却要求回答者用逆向思考法。如果顺着题面，一般都只会在“什么水”上下功夫，这样就不对了。反着想：什么能买东西呢？只能是钱，钱可以是什么“水”呢？很容易就想到是“薪水”了。

四 发散思维法

脑筋急转弯通常不能按照正常的逻辑去分析，只有抛开一般的思考模式，多角度地去考虑问题，才能找到答案。

比如：

有一个人被困在屋子里，他无法打开门，怎样才能离开屋子？

一般来说，人们要出门都会“打开门”，而当门打不开的时候，怎么办呢？如果你局限于这样的思维模式，就很难找到答案了。而你从其他角度去考虑问题，“门有很多种，有向内开的，有向外开的，不一定非要‘打开’。如果是向外开的，要出门当然只能“推”了。答案就是“推开门”，简单吧！

五 跳跃联想法

学会联想有时候往往能帮助解决问题，脑筋急转弯中，很多问题都不能按照常规的思维模式去理解，它的跳跃性比较大，因此需要人们去联想。

比如：

米的妈妈是谁?

从题面看，似乎找不到有价值的提示，很多人都会想：“米是从哪里来的？”于是想到稻谷，把答案锁定在“稻谷”这种植物上面，但脑筋急转弯的答案是不会符合常规思维的。从题面分析得知，“米”是它“妈妈”生的，那么，什么东西能“生”米呢？这样就很容易想到“花生米”了，那么，“花”也自然就是“米”的妈妈了。“米”跟“花”却没有必然的联系，只能靠联想组合在一起，这就是脑筋急转弯具有跳跃性的地方。

六 回归原点法

回归原点就是回到题面一开始给出条件的地方，有的脑筋急转弯其实一开始就给了我们答案，但它却在题目中绕来绕去地向我们进行错误的引导。这类题目，我们用回归原点法就能轻松回答了。

比如：

小明的爸爸有三个儿子，老大叫大毛，老二叫二毛，老三叫什么？

题目一开始就说“小明的爸爸”了，后面的“大毛”“二毛”都是迷惑我们的，如果不会回归原点，很多人都会想到“三毛”，那样就错了哦。

七 谐音解答法

我们中国的汉字是一种音义结合的文字，因此很多字是读音相同的。有些脑筋急转弯正是利用汉字的这种谐音性出题，这类题目只要掌握好谐音的知识，就比较容易回答了。

比如：

二三四五六七八九，打一成语，是什么？

在通常情况下，我们数数字都是从一到十这样完整地数，而题面中却不是这样。一看便知，是缺少了“一”和“十”。这样，我们就很容易地分析出“缺一少十”，根据谐音，很容易就能知道答案是“缺衣少食”了。

第二部分

脑筋急转弯大全

文化知识类

001.
问题

wáng lǎo tài tai zhěng tiān dié dié bù xiū kě tā
王老太太整天喋喋不休，可她
yǒu yí gè yuè shuō huà zuì shǎo shì nǎ yí gè yuè
有一个月说话最少，是哪一个月？

shén me zhào piàn kàn bù chū zhào de
什么照片看不出照的
shì shuí
是谁？

002.
问题

003.
问题

shén me dōng xi tiān qì yuè rè
什么东西天气越热，
tā pá de yuè gāo
它爬得越高？

004.
问题

zhì zào rì qī yǔ yǒu xiào rì qī
制造日期与有效日期
shì tóng yì tiān de chǎn pǐn shì shén me
是同一天的产品是什么?

005.
问题

shén me dōng xi yǒu wǔ gè tóu dàn
什么东西有五个头,但
rén bù jué de tā guài ne
人不觉得它怪呢?

006. 问题

有一种水果，没吃之前是绿色的，吃下去是红色的，吐出时却是黑色的，请问这是什么水果？

007. 问题

有一个人一年才上一天班又不怕被解雇，他是谁？

008.
问题

nǎ xiàng bǐ sài shì wǎng hòu zǒu de
哪项比赛是往后走的？

bào zhǐ shàng dēng de xiāo xi bù yí dìng dōu shì zhēn de dàn shén me xiāo xi jué duì jiǎ bù liǎo
报纸上登的消息不一定都是真的，但什么消息绝对假不了？

009.
问题

010. 问题

mǒu gè xīng qī liù de wǎnshàng lǎo zhāng zài
某个星期六的晚上，老张在
jiā dú yì běn yǒu qù de shū tā de qī zi bǎ diàn
家读一本有趣的书。他的妻子把电
dēngguān le jìn guǎn wū nèi qī hēi yí piàn lǎo
灯关了，尽管屋内漆黑一片，老
zhāngréng rán shǒu bú shì juàn dú de jīn jīn yǒu wèi
张仍然手不释卷，读得津津有味，
zhè shì wèi shén me
这是为什么？

wǎng zài shén me shí hou kě yǐ tí shuǐ
网在什么时候可以提水？

011. 问题

yì jiā xǐ yī diàn zhāo pái shàng xiě zhe
一家洗衣店招牌上写着

xiǎo shí jiāo huò　　jīn tiān xiǎo gāo ná yī
“24 小时交货”。今天小高拿衣

fu qù xǐ　wèi shén me lǎo bǎn shuō yào sān tiān hòu
服去洗，为什么老板说要三天后

cái néng ná dào
才能拿到？

012.

问题

jiāng lán sè wài yī jìn pào yú huáng

将蓝色外衣浸泡于黄

hé zhōng　jié guǒ huì chǎnshēng hé zhǒng xiàn
河中，结果会产生何种现象？

013.

问题

014.

问题

014. 问题

^{yǒu yì sōu chuán xiàn zǎi} 有一艘船限载50人，rén chuánshàng yǐ yǒu} 船上已有49

^{rén yí gè yùn fù shàng le chuán jié guǒ chuánchén rù hǎi zhōng} 人，一个孕妇上了船，结果船沉入海中，为什么？

^{wèi shén me} 为什么？

wèi shén me bái lù zǒng shì
为什么白鹭总是
suō zhe yì zhī jiǎo shuì jiào
缩着一只脚睡觉？

yǒu yí gè zì wǒ men cóng xiǎo
有一个字，我们从小
dào dà dōu niàn cuò nà shì shén me
到大都念错，那是什么
zì
字？

017.

问题

nǐ yǒu yì sōu chuán chuánshàng yǒu gè
你有一艘船，船上有15个
chuányuán gè chéng kè dūn huò wù
船员，60个乘客，300吨货物。
nǐ néng gēn jù qián miàn de tí shì suàn chū chuánzhǎng
你能根据前面的提示算出船长
de nián líng ma
的年龄吗？

shén me dōng xi yuè xǐ yuè zāng
什么东西越洗越脏？

018.

问题

019.
问题

gōnggòng qì chē lái le　yí wèi chuānchángqún de xiǎo
公共汽车来了，一位穿长裙的小
jiě tóu le　yuán　sī jī ràng tā shàng chē　dì èr wèi chuān
姐投了4元，司机让她上车；第二位穿
mí nǐ qún de xiǎo jiě tóu le　yuán　sī jī yě ràng tā shàng
迷你裙的小姐投了2元，司机也让她上
chē　dì sān wèi méi gěi qián　sī jī yě zhàoyàngràng tā shàng
车；第三位没给钱，司机也照样让她上
chē　wèi shén me
车，为什么？

píng guǒ shù shàng yǒu gè shú tòu
苹果树上有20个熟透
de píng guǒ bèi fēng yì chuī luò le yí bàn hòu
的苹果，被风一吹落了一半，后
yòu bèi guǒ nóng zhāi le yí bàn nà me shù shàng
又被果农摘了一半，那么树上
hái yǒu jǐ gè píng guǒ
还有几个苹果？

020.
问题

zhōng guó rén jiǎng shén me huà
中国人讲什么话？

021.
问题

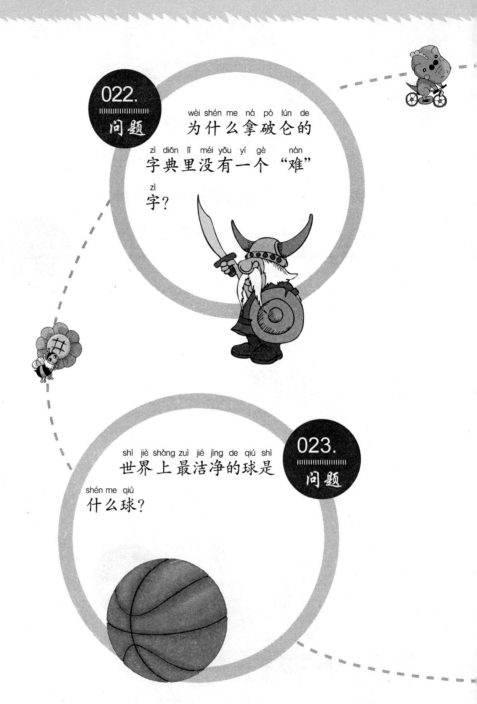

022. 问题

wèi shén me ná pò lún de 为什么拿破仑的 zì diǎn lǐ méi yǒu yí gè "nán" 字典里没有一个"难" zì 字?

023. 问题

shì jiè shàng zuì jié jìng de qiú shì 世界上最洁净的球是 shén me qiú 什么球?

024.
问题

yǒu yí gè rén zài lù shàng jiǎn dào yí gè dà
有一个人在路上捡到一个大
yā lí tā ná qǐ lí shuō le yí jù huà zhè jù
鸭梨，他拿起梨说了一句话，这句
huà shì yí gè guó jiā de míngchēng nǐ zhī dào shì
话是一个国家的名称，你知道是
shén me ma
什么吗？

025.
问题

xīn bǎn de zhǐ bì jìng rán yìn
新版的纸币，竟然印
de bù yí yàng wèi shén me
得不一样，为什么？

026.
问题

shén me dōng xi zài dào lì zhī hòu huì
什么东西在倒立之后会
zēng jiā yí bàn
增加一半？

yǒu xiǎo zhōng dà zhī bēi zi zhǐ
有小、中、大3只杯子，只
yǒu dà bēi lǐ zhuāngmǎn le shuǐ zěn yàngyòng dà
有大杯里装满了水，怎样用大
bēi lǐ de shuǐ bǎ měi zhī bēi dōu zhuāngmǎn shuǐ
杯里的水把每只杯都装满水？

027.
问题

028.
问题

hēi rén hé bái rén shēng xià de yīng ér
黑人和白人生下的婴儿，
yá chǐ shì shén me yán sè de
牙齿是什么颜色的？

zài shén me qíngkuàng xià hé
在什么情况下2/4和4/4
bú huì yuē fēn chéng zuì jiǎn fēn shù
不会约分成最简分数？

029.
问题

chē zi yīng gāi kào yòu xíng shǐ cái duì
车子应该靠右行驶才对，
wèi shén me yáng xiān sheng kào zuǒ biān xíng shǐ què
为什么杨先生靠左边行驶却
méi shì
没事？

shén me mǎ bú huì pǎo
什么马不会跑？

032.

问题

tiān hēi yí cì liàng yí cì jiù shì yì tiān kě yǒu yí

天黑一次亮一次就是一天，可有一
cì tiān hēi le liǎng cì réng rán zhǐ guò le yì tiān shì shén me
次天黑了两次仍然只过了一天，是什么
yuán yīn
原因？

033. 问题

shén me dōng xi yuè cā yuè xiǎo
什么东西越擦越小？

034. 问题

shén me dì fang wù pǐn shòu jià yù gāo kè rén yù gāo xìng
什么地方物品售价愈高，客人愈高兴？

huái yùn de rén pà rén tī tā kě shì yǒu
怀孕的人怕人踢她，可是有
rén tī tā tā què bù shēng qì wèi shén me
人踢她，她却不生气，为什么？

zuò shén me shì qing tè bié kāi xīn
做什么事情特别开心？

036.
问题

037. 问题

wèi shén me ā fú zǒng yào děng lǎo shī
为什么阿福总要等老师
dòngshǒu cái tīng lǎo shī de huà
动手才听老师的话？

kǎi kai zhǐ rèn shi ā lā bó shù zì
凯凯只认识阿拉伯数字 1
dào bà ba dān yōu de shuō nǐ zhǎng dà
到 7，爸爸担忧地说：“你长大
hòu gāi zěn me bàn ya cāi cai kǎi kai de
后该怎么办呀？”猜猜凯凯的
huí dá
回答。

038. 问题

039.
问题

xiǎo máo xǐ huān yùn dòng yǒu yì tiān tā zài
小毛喜欢运动，有一天他在
shè shì dù de gāo wēn xià zuò hěn jù liè de huó
38摄氏度的高温下做很剧烈的活
dòng wèi shén me jū rán bù liú hàn
动，为什么居然不流汗？

shì jì zuì chū fēng tóu de chāo jí
20 世纪最出风头的超级
jù xīng shì nǎ yí wèi
巨星是哪一位？

040.
问题

xiǎo wáng kāi zhe kōng jì chéng chē wèi shén me yí lù shàng dōu méi yǒu rén xiàng tā zhāo shǒu zū chē

小王开着空计程车，为什么一路上都没有人向他招手租车？

041.
问题

zài shén me dì fang jiāng jūn hé yuánshuài wán quán xiāng děng

在什么地方，将军和元帅完全相等？

042.
问题

ào dà lì yà shì xiàn jīn shì jiè shàng hǎi àn xiàn zuì
澳大利亚是现今世界上海岸线最
cháng de guó jiā dàn zài méi yǒu cè liàng zhī qián nǎ gè
长的国家，但在没有测量之前，哪个
guó jiā de hǎi àn xiàn zuì cháng
国家的海岸线最长？

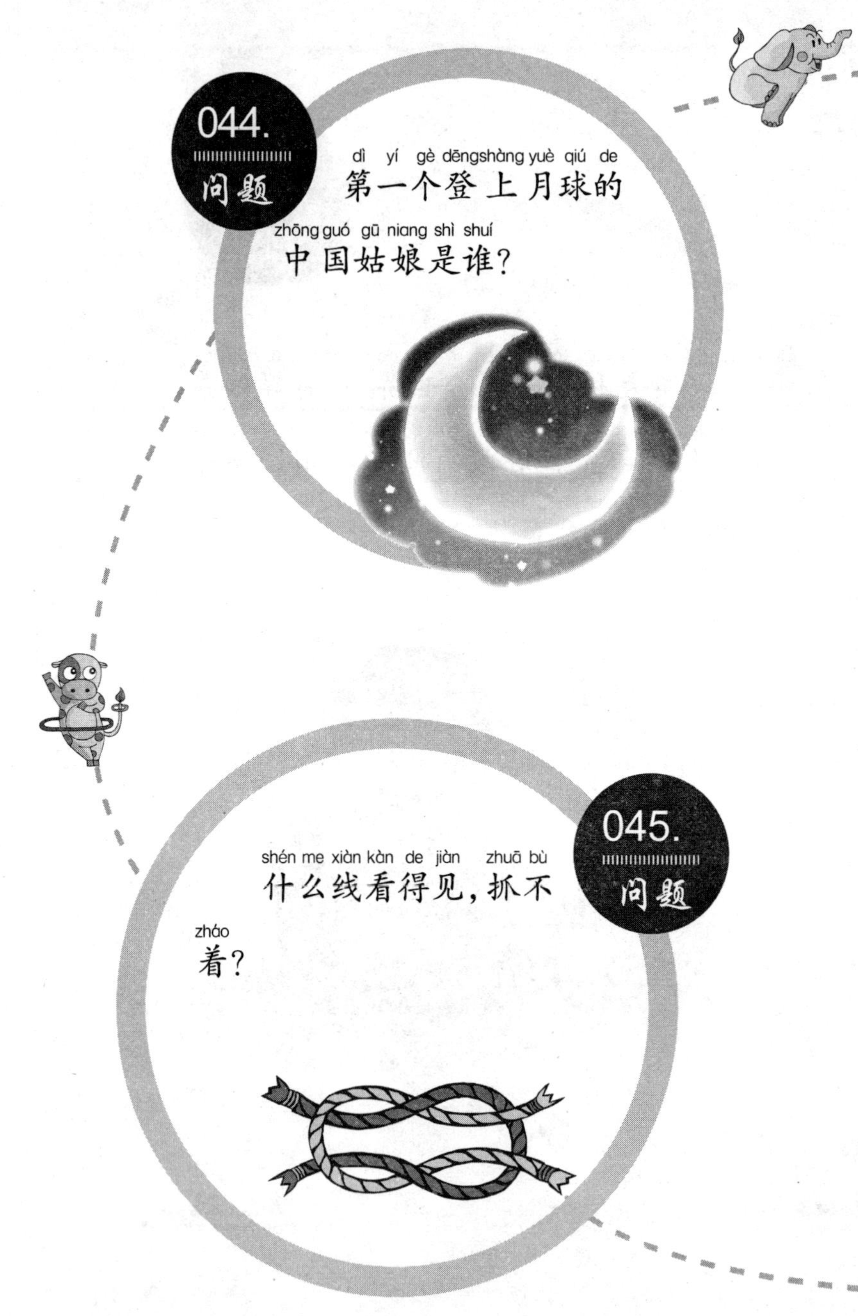

044.
问题

dì yí gè dēngshàng yuè qiú de
第一个登上月球的
zhōng guó gū niang shì shuí
中国姑娘是谁？

045.
问题

shén me xiàn kàn de jiàn zhuā bù
什么线看得见，抓不
zháo
着？

nǐ néng bǎ gè píng guǒ zhuāng jìn gè kǒu
你能把8个苹果装进5个口
dài zhōng bìng qiě shǐ měi gè kǒu dài lǐ zhuāng de píng
袋中并且使每个口袋里装的苹
guǒ dōu shì ǒu shù ma
果都是偶数吗?

shén me yóu bù néng diǎn rán
什么油不能点燃?

xiǎo dài shì wèi kē xué jiā lì jìn qiān xīn wàn kǔ zhōng yú
小戴是位科学家,历尽千辛万苦终于
lái dào yí gè dì fāng tā miàn běi ér lì xiàng zuǒ zhuǎn le
来到一个地方，他面北而立，向左转了
dù què hái shì miàn běi zài zhuǎn dù yī rán miàn běi
90度却还是面北，再转90度依然面北，
yòu zhuǎn dù hái shì miàn běi nǐ zhī dào zhè shì shén me yuán
又转90度还是面北，你知道这是什么原
yīn ma
因吗？

zǎo shàng bā diǎn zhěng, běi shàng、
早上八点整，北上、
nán xià liǎng liè huǒ chē dōu zhǔn shí tōng guò tóng
南下两列火车都准时通过同
yì tiáo dān xiàn tiě guǐ, wèi shén me méi yǒu
一条单线铁轨，为什么没有
xiāngzhuàng ne
相撞呢？

049.
问题

shén me jiǔ bù néng hē
什么酒不能喝？

050.
问题

051. 问题

shuí de nǎo zi jì zhù de dōng xi zuì duō
谁的脑子记住的东西最多？

052. 问题

xiǎo bō bǐ de yì jǔ yí dòng dōu lí bù kāi shéng zi wèi shén me
小波比的一举一动都离不开绳子，为什么？

053. 问题

yì zhī jī　　　yì zhī é　　　fàng bīng xiāng

一只鸡，一只鹅，放冰箱

li　 jī dòng sǐ le　　é què huó zhe　　wèi shén
里，鸡冻死了，鹅却活着，为什么？

054. 问题

什么洞最深？

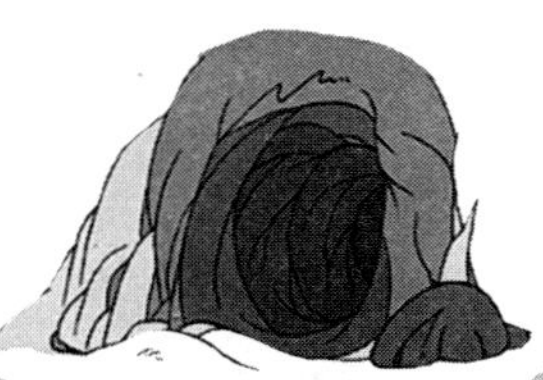

055.

问题

chuán yán guà zhe yí gè yú lǒu yú
船沿挂着一个鱼篓，鱼
lǒu lí shuǐ miàn bàn mǐ hé shuǐ měi xiǎo shí
篓离水面半米。河水每小时
shàng zhǎng bàn mǐ wèn shuǐ duō jiǔ néng yān
上涨半米，问水多久能淹
mò yú lǒu
没鱼篓？

ài chī líng shí de xiǎo wáng tǐ zhòng zuì
爱吃零食的小王体重最
zhòng shí yǒu gōng jīn dàn zuì qīng shí zhǐ yǒu
重时有50公斤，但最轻时只有
gōng jīn wèi shén me
3公斤，为什么？

056.

问题

057. 问题

xiǎo yuánkǒng de zhí jìng zhǐ yǒu lí
小圆孔的直径只有 1 厘
mǐ ér yì zhǒng tǐ jī dá lì fāng mǐ de
米，而一种体积达 100 立方米的
wù tǐ què néngshùn lì tōng guò zhè gè xiǎo kǒng wèi shén
物体却能顺利通过这个小孔，为什
me
么？

tiān píng de zuǒ biān shì yì dūn mián huā
天平的左边是一吨棉花，
yòu biān shì yì dūn tiě wèi shén me mián huā tū
右边是一吨铁，为什么棉花突
rán bǐ tiě zhòng le
然比铁重了？

参考答案

1. 二月。

2. X光照片。

3. 温度计。

4. 报纸。

5. 手和脚。

6. 西瓜。

7. 圣诞老人。

8. 拔河。

9. 报纸上的年、月、日。

10. 老张是盲人，他读的是盲人书。

11. 水变成冰时。

12. 他们每天工作8小时，三天后才24小时。

13. 沾湿。

14. 那是一艘潜水艇。

15. 缩两只脚就会跌倒。

16. 错。

17. 船是你的，你几岁船长就几岁。

18. 水。

19. 她用的是月票。

20. 5个。

21. 中国话。

22. 他用的是法语字典。

23. 卫生球。

24. 澳大利亚(噢，大梨呀！)

25. 号码不一样。

26. 数字"6"。

27. 把小杯和中杯套进大杯里。

28. 婴儿还没长牙呢。

29. 写在五线谱上时。

30. 因为他正行驶在靠左行驶的国家。

31. 木马。

32. 那天是日全食。

33. 橡皮擦。

34. 当铺。

35. 踢她的是肚子里的胎儿。

36. 心脏手术。

37. 因为他是聋哑人。

38. “长大我可以当作曲家。”

39. 他在游泳。

40. 海尔-波普彗星，千年才见一次。

41. 他走的是高速公路。

42. 在中国的象棋中。

43. 还是澳大利亚，测不测量都是最长的。

44. 嫦娥。

45. 光线。

46. 先在 4 个口袋里各装 2 个苹果，最后将这 4 个口袋装进第 5 个口袋。

47. 酱油。

48. 小戴在南极。

49. 因为日期不一样。

50. 碘酒。

51. 电脑。

52. 因为小波比是小木偶。

53. 因为这只鹅是一只企鹅。

54. 黑洞。

55. 水涨船高，鱼篓不会被淹没。

56. 他刚出生时的体重是 3 公斤。

57. 因为那种体积达 100 立方米的物体是水。

58. 因为下雨把棉花弄湿了。

生活趣味类

001.
问题

yǒu yì tóu cháo běi zhàn zhe de niú tā xiàng yòu
有一头朝北站着的牛，它向右
zhuǎn sān quān rán hòu xiàng hòu zhuǎn bìng zài yuán dì zhuǎn
转三圈，然后向后转并在原地转
sān quān jiē zhe zài wǎng yòu zhuǎn zhè shí hou tā de
三圈，接着再往右转，这时候它的
wěi ba cháo nǎ er
尾巴朝哪儿？

bù guǎn zhǎng de duō xiàng de shuāng
不管长得多像的双

bāo tāi dōu huì yǒu rén néng jiāng tā men fēn
胞胎，都会有人能将他们分

biàn chū lái zhè rén shì shuí
辨出来，这人是谁？

002.
问题

003.
问题

yǒu yí wèi lǎo tài tai shàng le
有一位老太太上了

gōng chē wèi shén me méi rén ràng zuò
公车，为什么没人让座？

004.
问题

dōng dōng de bà ba yá chǐ
冬冬的爸爸牙齿
fēi cháng hǎo kě shì tā jīng cháng
非常好，可是他经常
qù kǒu qiāng yī yuàn wèi shén me
去口腔医院，为什么？

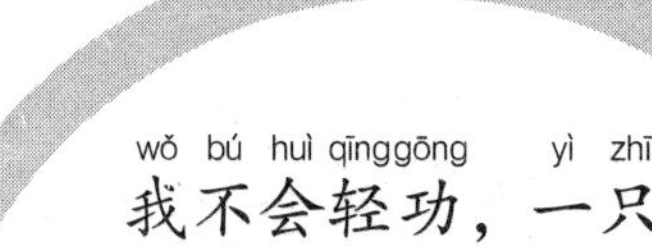

005.
问题

wǒ bú huì qīng gōng yì zhī jiǎo
我不会轻功，一只脚
dā zài jī dàn shàng jī dàn què bú huì
搭在鸡蛋上，鸡蛋却不会
pò zhè shì wèi shén me
破，这是为什么？

006.
问题

xiǎo wáng shì yì míng yōu xiù shì bīng yì tiān
小王是一名优秀士兵，一天
tā zài zhàn gǎng zhí qín shí míng míng kàn dào yǒu dí
他在站岗值勤时，明明看到有敌
rén qiāo qiāo xiàng tā mō guò lái wèi shén me tā què
人悄悄向他摸过来，为什么他却
zhēng yì zhī yǎn bì yì zhī yǎn
睁一只眼闭一只眼？

yòng yē zi hé xī guā dǎ tóu nǎ
用椰子和西瓜打头哪
yí gè bǐ jiào téng
一个比较疼？

007.
问题

008.
问题

lǐ yé ye zài dǎ tài jí quán shí bǎi
李爷爷在打太极拳时摆
chū le jīn jī dú lì de zī shì wèi shén me
出了金鸡独立的姿势，为什么
tā zhàn le hěn jiǔ kàn shàng qù hái shì xiǎn de
他站了很久，看上去还是显得
hěn qīng sōng
很轻松？

nèi róng xiāng tóng de shū wèi shén me xiǎo
内容相同的书，为什么小
gāo yào tóng shí mǎi liǎng běn
高要同时买两本？

009.
问题

010.

问题

liǎng gè rén tóng shí lái dào hé biān dōu
两个人同时来到河边，都
xiǎng guò hé què zhǐ yǒu yì tiáo xiǎo chuán ér
想过河，却只有一条小船，而
qiě xiǎo chuán zhǐ néng zài gè rén qǐng wèn
且小船只能载1个人，请问，
tā men néng fǒu dōu guò hé
他们能否都过河？

fàng yì zhī qiān bǐ zài dì shàng yào shǐ
放一支铅笔在地上，要使
rèn hé rén dōu wú fǎ kuà guò zěn me zuò
任何人都无法跨过，怎么做？

011.

问题

yángguān dài zhe zhī yáng dào jí shì
羊倌带着8只羊到集市
shàng qù mài mài le yuán qián hòu tā
上去卖，卖了280元钱后，他
yòu bǎ zì jǐ de zhī yáng dài huí jiā le zhè
又把自己的8只羊带回家了，这
shì zěn me huí shì
是怎么回事？

012.
问题

xiǎo hóng yǔ mā ma dōu zài tóng yí
小红与妈妈都在同一
gè bān li shàng kè zhè shì wèi shén
个班里上课，这是为什
me
么？

013.
问题

yǒu liǎng gè rén yí gè miàncháo nán yí gè miàncháo
有两个人，一个面朝南、一个面朝
běi de zhàn lì zhe bù zhǔn huí tóu bù zhǔn zǒu dòng bù
北地站立着，不准回头，不准走动，不
zhǔnzhào jìng zi wèn tā mennéng fǒu kàn dào duì fāng de liǎn
准照镜子，问他们能否看到对方的脸？

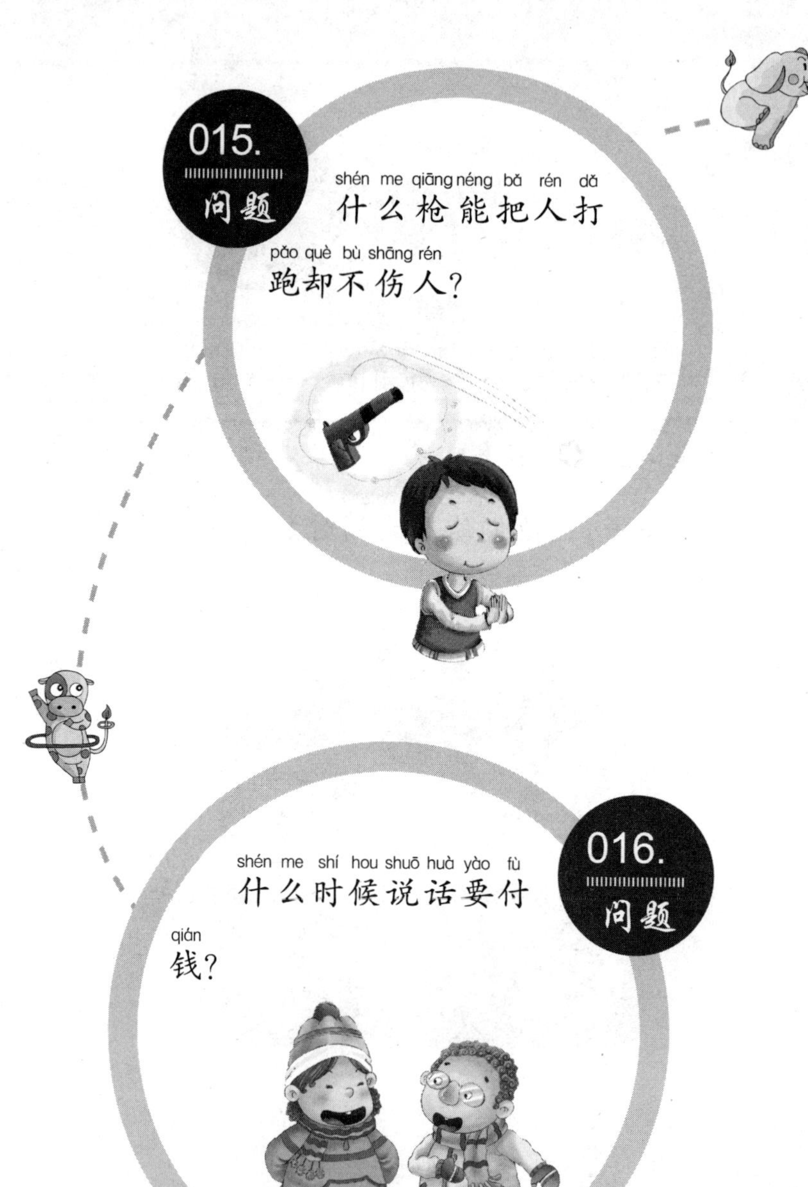

015.
问题

shén me qiāng néng bǎ rén dǎ
什么枪能把人打
pǎo què bù shāng rén
跑却不伤人？

016.
问题

shén me shí hou shuō huà yào fù
什么时候说话要付
qián
钱？

píng ping zài quán shén guàn zhù de kàn yì běn
萍萍在全神贯注地看一本
shū mā ma kàn dào hòu méi yǒu kuā tā fǎn ér
书，妈妈看到后没有夸她，反而
bèi xià le yí tiào wèi shén me
被吓了一跳，为什么？

017.
问题

shén me mén yǒng yuǎn bú guān shàng
什么门永远不关上？

018.
问题

019.
问题

jiā jiā shuō tā néng qīng ér yì jǔ de kuà guò yì kē dà shù, tā shì zěn me kuà guò qù de ne
佳佳说她能轻而易举地跨过一棵大树，她是怎么跨过去的呢？

cóng qián yǒu yí gè mán tóu, tā chī xià le yí gè ròu wán, nǐ zhī dào jié guǒ zěn me yàng le ma
从前有一个馒头，它吃下了一个肉丸，你知道结果怎么样了吗？

020.
问题

021. 问题

xiǎo hóng de kǒu dài lǐ yuán yǒu 10 gè tóng qián dàn tā men dōu diào le qǐng wèn xiǎo hóng de kǒu dài li hái shèng xià shén me

小红的口袋里原有10个铜钱，但它们都掉了，请问小红的口袋里还剩下什么？

022. 问题

gāng mǎi de wà zi wèi shén me huì yǒu yí gè dòng

刚买的袜子为什么会有一个洞？

023.
问题

xiǎo huá shuō tā néng zài miǎozhōng zhī nèi bǎ fáng jiān
小华说他能在1秒钟之内把房间
hé fáng jiān lǐ de wán jù dōu biàn méi le zhè kě néng ma
和房间里的玩具都变没了，这可能吗？

chén xiān sheng zǒu zài lù shàng yǎn
陈先生走在路上，眼
qián yǒu yì zhāng bǎi yuán dà chāo tā míngmíng kàn
前有一张百元大钞，他明明看
jiàn le què wèi shén me bú qù jiǎn
见了，却为什么不去捡？

024.
问题

tiě fàng dào wài miàn yào shēng xiù
铁放到外面要生锈，
nà jīn zi ne
那金子呢？

025.
问题

026.
问题

shén me shì nǐ míng míng méi
什么事你明明没
yǒu zuò què yào shòu fá
有做却要受罚？

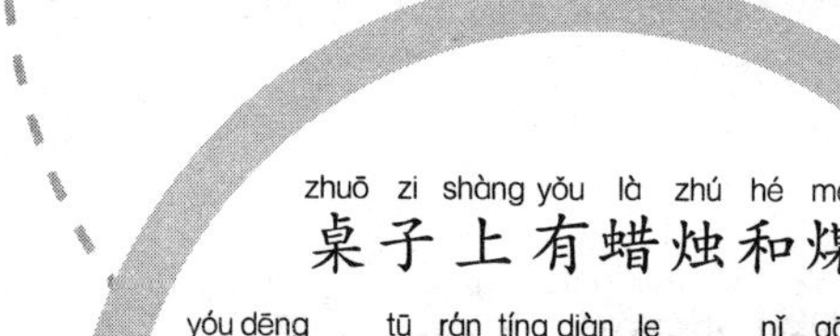

027.
问题

zhuō zi shàng yǒu là zhú hé méi
桌子上有蜡烛和煤
yóu dēng tū rán tíng diàn le nǐ gāi
油灯，突然停电了，你该
xiān diǎn rán shén me
先点燃什么？

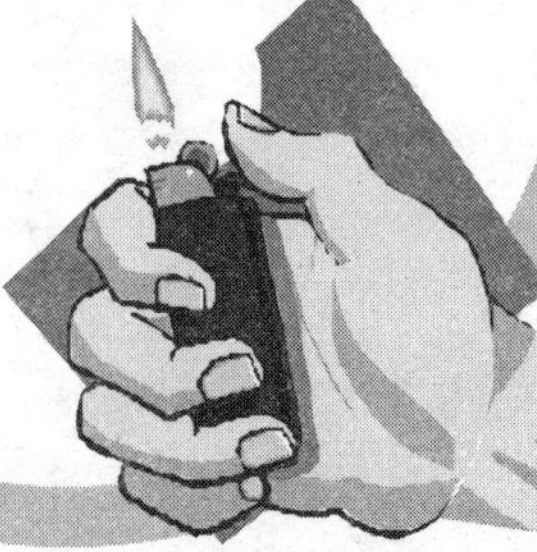

yé ye sòng gěi xiǎo míng yí fèn shēng rì lǐ
爷爷送给小明一份生日礼
wù xiǎo míng yì jiǎo bǎ lǐ wù tī chū qù hǎo
物，小明一脚把礼物踢出去好
yuǎn yé ye què shuō tī de hǎo wèi shén me
远，爷爷却说踢得好，为什么？

028.
问题

yì zhī xiōng měng de è māo
一只凶猛的饿猫，
kàn dào lǎo shǔ wèi hé bá tuǐ jiù
看到老鼠，为何拔腿就
pǎo
跑？

029.
问题

030.
问题

wén wen zài xǐ yī fu dàn xǐ le
文文在洗衣服，但洗了
bàn tiān tā de yī fu hái shì zāng de
半天，她的衣服还是脏的，
wèi shén me
为什么？

xiǎo liú shì gè hěn pǔ tōng de rén wèi
小刘是个很普通的人，为
shén me jìng rán néng yì lián shí jǐ gè xiǎo shí
什么竟然能一连十几个小时
bù zhǎ yǎn
不眨眼？

031.
问题

032. 问题

xiǎo míng ná le yì bǎi yuán qù mǎi yí gè
小明拿了一百元去买一个
qī shí wǔ de dōng xi dàn lǎo bǎn què zhǐ zhǎo
七十五的东西，但老板却只找
le wǔ kuài gěi tā wèi shén me
了五块给他，为什么？

wèi shén me rén men yào dào shì chǎngshàng
为什么人们要到市场上
qù
去？

033. 问题

xiǎo yā zài yì tiáo ní lù shàng wǎng qián
小丫在一条泥路上往前
zǒu wèi shén me tā huí tóu què kàn bú dào zì
走，为什么她回头却看不到自
jǐ de xié yìn
己的鞋印？

034.
问题

bì zhe yǎn jing yě kàn de jiàn de
闭着眼睛也看得见的
shì shén me
是什么？

035.
问题

036. 问题

yí liàng chū zū chē zài gōng lù shàng zhèng cháng xíng shǐ bìng
一辆出租车在公路上正常行驶，并
qiě méi yǒu wéi fǎn rèn hé jiāo tōng guī zé què bèi yí gè jǐng chá
且没有违反任何交通规则，却被一个警察
gěi lán zhù le qǐng wèn zhè shì wèi shén me
给拦住了，请问这是为什么？

037.
问题

xiǎo míng zhī dào shì juàn de dá àn wèi shén me hái pín pín kàn tóng xué de
小明知道试卷的答案，为什么还频频看同学的？

038.
问题

làng fèi diào rén yì shēng sān fēn zhī yī shí jiān de shì shén me dì fang
浪费掉人一生三分之一时间的是什么地方？

lǎo wáng tiān tiān diào tóu fa shén me bàn
老王天天掉头发，什么办
fǎ dōu yòng le zhǐ yǒu yì zhǒng bàn fǎ shǐ tā
法都用了，只有一种办法使他
yǒngyuǎn bú diào tóu fa shì shén me bàn fǎ ne
永远不掉头发。是什么办法呢？

039.
问题

shén me rén kě yǐ fàn lái zhāng
什么人可以饭来张
kǒu yī lái shēnshǒu
口，衣来伸手？

040.
问题

041. 问题

gāng niàn yòu ér yuán de pí pí cái
刚念幼儿园的皮皮才
xué yīng wén yí gè yuè què néng háo wú kùn nan
学英文一个月，却能毫无困难
de hé wài guó rén jiāo tán wèi shén me
地和外国人交谈，为什么？

lǎo lǐ zhàn zài mǎ lù shàng bǐ shǒu huà
老李站在马路上比手画
jiǎo què bú jiàn jǐng chá lái gǎn tā wèi shén
脚，却不见警察来赶他，为什
me
么？

042. 问题

043.

问题

shàng kè shí tóng xué men dōu zuò zhe shàng
上课时同学们都坐着上
kè dàn nī ni měi yì jié kè dōu zhàn zhe zěn
课，但妮妮每一节课都站着，怎
me huì zhè yàng ne
么会这样呢？

yàn yáng gāo zhào wèi shén me zhǐ yǒu xiǎo
艳阳高照，为什么只有小
kě quánshēn shī lín lín de
可全身湿淋淋的？

044.

问题

xiǎo péng mǎi le yì dōu shuǐ guǒ huí dào jiā què liǎng shǒu kōng
小朋买了一兜水果，回到家却两手空
kōng tā bǎo zhèng méi yǒu tōu chī yě méi yǒu nòng diū nà shì
空，他保证没有偷吃，也没有弄丢，那是
shén me yuán yīn ne
什么原因呢？

lǐ bó bo yí gòng yǒu gè ér zi
李伯伯一共有 7 个儿子，
zhè gè ér zi yòu gè yǒu yí gè mèi mei nà
这 7 个儿子又各有一个妹妹，那
me lǐ bó bo yí gòng yǒu jǐ gè zǐ nǚ
么，李伯伯一共有几个子女？

046.
问题

shuí tiān tiān qù kàn bìng
谁天天去看病？

047.
问题

048.
问题

mǎnmǎn yì bēi pí jiǔ zěn
满满一杯啤酒，怎
yàng cái néng xiān hē dào bēi dǐ de
样才能先喝到杯底的
jiǔ
酒？

049.
问题

shén me rén kào bié rén de nǎo
什么人靠别人的脑
dài shēng huó
袋生活？

rú guǒ liǎng gè rén tóng shí wā liǎng gè dòng
如果两个人同时挖两个洞
xū yào liǎng tiān shí jiān nà me yí gè rén wā
需要两天时间，那么，一个人挖
bàn gè dòng xū yào duō cháng shí jiān
半个洞需要多长时间？

050.
问题

jiē shàng nà me duō de rén shì
街上那么多的人是
cóng nǎ er lái de
从哪儿来的？

051.
问题

052.
问题

jiā lǐ yǒu tiáo qún zi mā ma kě yǐ chuān nǎi nai kě yǐ chuān bà ba yě kě yǐ chuān zhè shì shén me qún zi
家里有条裙子，妈妈可以穿，奶奶可以穿，爸爸也可以穿。这是什么裙子？

yì zhuō kě kǒu de fàn cài bèi rén men yì sǎo ér guāng dàn zhuōshàng yǒu yí yàngdōng xi què yuè lái yuè duō shì shén me
一桌可口的饭菜被人们一扫而光，但桌上有一样东西却越来越多，是什么？

053.
问题

054.
问题

gāng gāng shuō tā yí cì kě yǐ fàng
刚刚说他一次可以放

wàn gè fēng zhèng tā bìng méi yǒu chuī niú
10 万个风筝，他并没有吹牛。

nǐ zhī dào tā shì rú hé fàng de ma
你知道他是如何放的吗？

shén me dōng xi dǎ pò le cái néng
什么东西打破了才能

chī
吃？

055.
问题

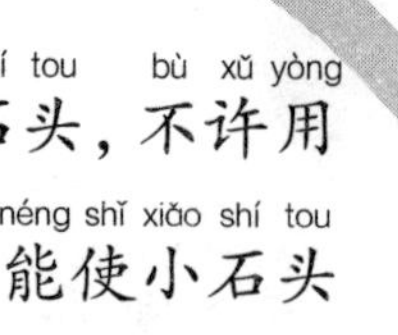

dì shàng yǒu yí kuài xiǎo shí tou bù xǔ yòng

地上有一块小石头，不许用

rèn hé dōng xi chù pèng tā nǐ néng shǐ xiǎo shí tou

任何东西触碰它，你能使小石头

pèng dào nǐ de tóu fa ma

碰到你的头发吗？

shén me shù yǒng yuǎn bú huì kū

什么树永远不会枯

sǐ

死？

yǒu liǎng gè xiǎo nǚ hái zhǎng de yì mú yí yàng shēng rì
有两个小女孩长得一模一样，生日
yě wán quán yí yàng wèn tā men shì jiě mèi ma tā men shuō
也完全一样，问她们是姐妹吗，她们说
shì wèn tā men shì shuāng bāo tāi ma tā men yòu shuō bú shì
是，问她们是双胞胎吗，她们又说不是，
qǐng wèn shì shén me
请问是什么？

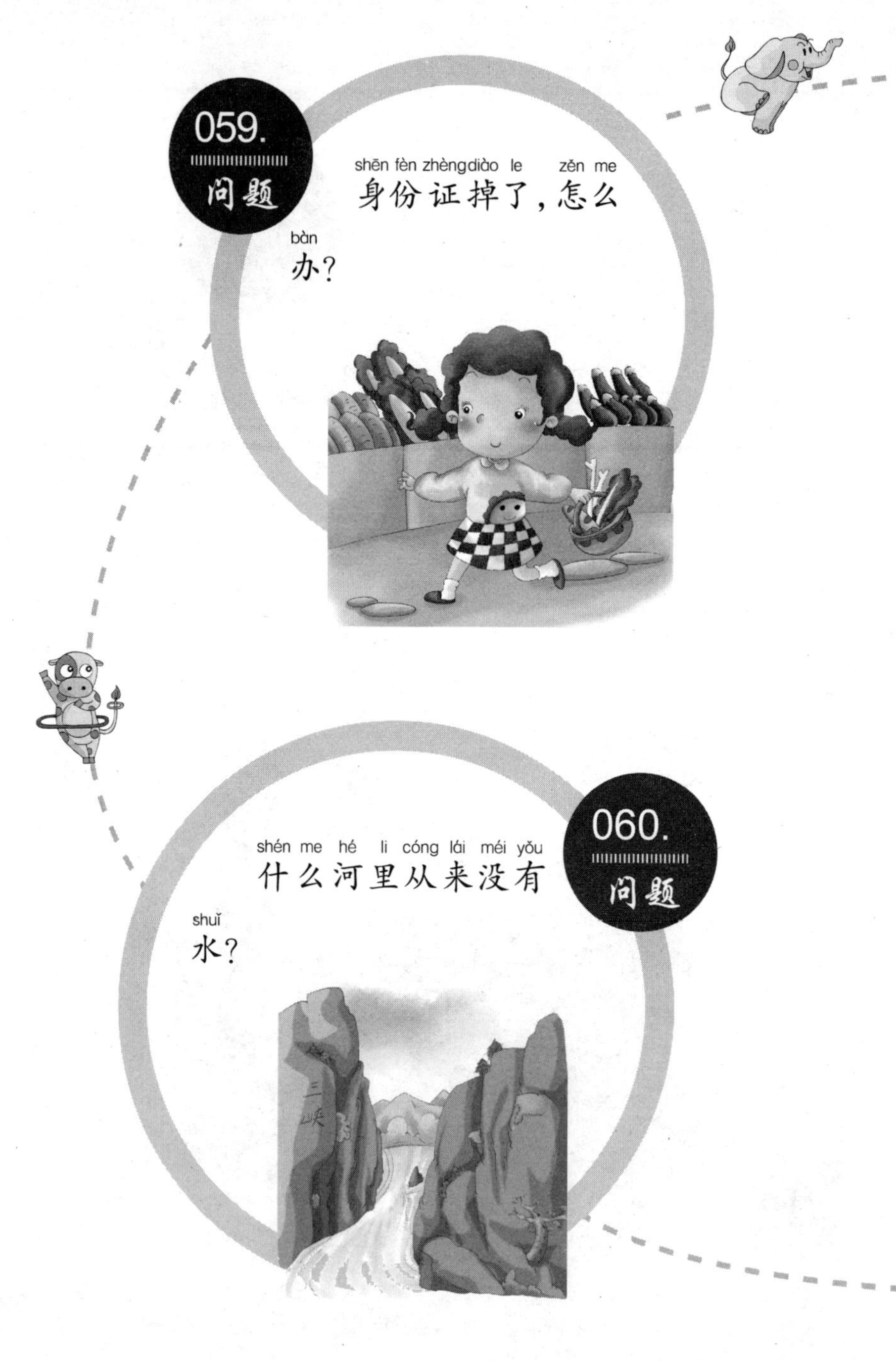

059. 问题

shēn fèn zhèng diào le, zěn me bàn?

身份证掉了，怎么办？

060. 问题

shén me hé li cóng lái méi yǒu shuǐ?

什么河里从来没有水？

061.
问题

xiǎo mò shì gè chū le míng de fǎng mào míng
小莫是个出了名的仿冒名
pái dà wáng wèi shén me tā què néng xiāo yáo fǎ
牌大王，为什么他却能消遥法
wài ér yòu míng lì shuāng shōu ne
外而又名利双收呢？

062.
问题

dà wěi zài diàn yǐng zuì jīng cǎi de
大伟在电影最精彩的
shí hou què qù shàng cè suǒ wèi shén
时候却去上厕所，为什
me
么？

063.
问题

yí jià gāo kōng fēi jī de kè jī
一架高空飞机的客机
zài háng xíng zhōng xiǎo wáng tū rán dǎ kāi
在航行中，小王突然打开
mén chōng le chū qù wèi shén me tā méi
门冲了出去，为什么他没
shuāi sǐ
摔死？

yǒu yí yàng dōng xi bǐ dà lì shì néng
有一样东西比大力士能
jǔ qǐ de zhòng liàng yào qīng de duō dà lì
举起的重量要轻得多，大力
shì què jǔ bù qǐ nà shì shén me
士却举不起，那是什么？

064.
问题

065.
问题

xiǎo lǐ chéng diàn tī shàng lóu zhōng

小李乘电梯上14楼，中
jiān méi yǒu tíng yòng le miǎo zhōng xià lóu
间没有停，用了60秒钟，下楼
shí zhōng jiān yě méi yǒu tíng què yòng le fēn
时中间也没有停，却用了5分
zhōng zhè shì zěn me huí shì
钟，这是怎么回事？

yǒu gè rén è huài le ér bīng xiāng lǐ

有个人饿坏了，而冰箱里
yǒu jī yú niú ròu děng guàn tou tā xiān
有鸡、鱼、牛肉等罐头，他先打开什么？

066.
问题

参考答案

1. 朝下。
2. 他们自己。
3. 车上有空座。
4. 因为冬冬的爸爸是牙科医生。
5. 因为另一只脚站在地上。
6. 他正在瞄准。
7. 头比较疼。
8. 他在照片中。
9. 送人。
10. 能。他们分别在河的两边。
11. 放在墙边。
12. 他卖的是羊毛。
13. 妈妈是小红班里的班主任。
14. 他们能看到对方的脸，因为他们是面对面站着的。
15. 水枪。
16. 打电话时。
17. 那本书里讲的都是恐怖故事。
18. 足球门。
19. 大树倒在地上，当然容易跨过去。
20. 它变成了一个包子。
21. 还剩下一个洞。
22. 没有洞怎么穿进去？
23. 把眼睛闭上。
24. 钱在别人手里。
25. 会被人家偷走。
26. 做作业。
27. 先点燃火柴。
28. 爷爷送给小明的生日礼物是一个足球。

29. 跑去追老鼠。

30. 文文洗的是别人的衣服。

31. 因为这十几个小时他都在睡觉。

32. 他只拿了八十元给老板。

33. 因为市场不可能来。

34. 她没穿鞋。

35. 梦。

36. 警察打车。

37. 因为小明是老师。

38. 床上。

39. 剃光头。

40. 婴儿。

41. 外国人用普通话与他交谈。

42. 老李是警察。

43. 妮妮是老师。

44. 因为他在游泳。

45. 送人了。

46. 八个子女，妹妹最小。

47. 医生。

48. 用吸管。

49. 理发师。

50. 不存在半个洞。

51. 各自的家中。

52. 围裙。

53. 空盘子。

54. 在风筝上写上“10 万个”。

55. 鸡蛋。

56. 躺到地上，用头发碰小石头就可以了。

57. 画里的树。

58. 三胞胎或多胞胎中的两个。

59. 拾起它。

60. 中国象棋中的楚河。

61. 他是模仿秀选手，专门

在电视上模仿别人的动作和声音。

62. 因为他没有去看电影。

63. 他打开的是飞机的厕所门。

64. 他自己。

65. 上楼乘电梯，下楼走楼梯。

66. 先打开冰箱。

001. 问题

yǒu yì zhǒng bù hěn cháng hěn kuān hěn hǎo kàn jiù
有一种布很长很宽很好看，就
shì méi yǒu rén yòng tā lái zuò yī fu yě bù kě néng zuò
是没有人用它来做衣服也不可能做
chéng yī fu wèi shén me
成衣服，为什么？

002\. 问题

gài lóu yào cóng dì jǐ céng kāi shǐ gài
盖楼要从第几层开始盖？

003\. 问题

yǔ tiān shén me sǎn bù néng dǎ
雨天什么伞不能打？

004.

问题

wèi shén me tóng tóng yǔ zhuàng zhuàng chū
为什么彤彤与壮壮初
cì jiàn miàn jiù duàn dìng zhuàng zhuàng shì hē yáng
次见面就断定壮壮是喝羊
nǎi zhǎng dà de
奶长大的?

005.

问题

yì nián sì jì dōu shèng kāi de
一年四季都盛开的
huā shì shén me huā
花是什么花?

006.
问题

hēi jī lì hài hái shì bái jī lì hài wèi shén me
黑鸡厉害还是白鸡厉害？为什么？

yì gēn shéng zi zài zhōng jiān bèi yì dāo jiǎn duàn dàn tā réng shì yì gēn wán zhěng de shéng zi wèi shén me
一根绳子在中间被一刀剪断，但它仍是一根完整的绳子，为什么？

007.
问题

008.
问题

wèi shén me yǒu gè rén jīng cháng cóng
为什么有个人经常从
shí mǐ gāo de dì fang bú dài rèn hé ān quán
十米高的地方不带任何安全
zhuāng zhì tiào xià
装置跳下？

gè chéng zi fēn gěi gè xiǎo péng
9个橙子分给13个小朋
you zěn yàng fēn cái gōng píng
友，怎样分才公平？

009.
问题

zhèng zài hǎi biān diào yú de ā hǎi kàn
正在海边钓鱼的阿海看
dào yǒu tiáo dà yú cháo zì jǐ yóu guò lái wèi shén
到有条大鱼朝自己游过来，为什
me tā què fēi kuài de pǎo kāi le
么他却飞快地跑开了？

010.
问题

wèi shén me qīng wā kě yǐ tiào de
为什么青蛙可以跳得
bǐ shù gāo
比树高？

011.
问题

012.
问题

yǒu gè xiǎo xué shēng xiǎng tiào guò yì tiáo liǎng mǐ kuān de
有个小学生想跳过一条两米宽的
hé shì le jǐ cì dōu shī bài le kě shì hòu lái tā shén
河，试了几次都失败了。可是后来，他什
me gōng jù yě méi yòng jiù dá dào le mù dì nǐ zhī dào tā yòng
么工具也没用就达到了目的。你知道他用
de shì shén me hǎo bàn fǎ ma
的是什么好办法吗？

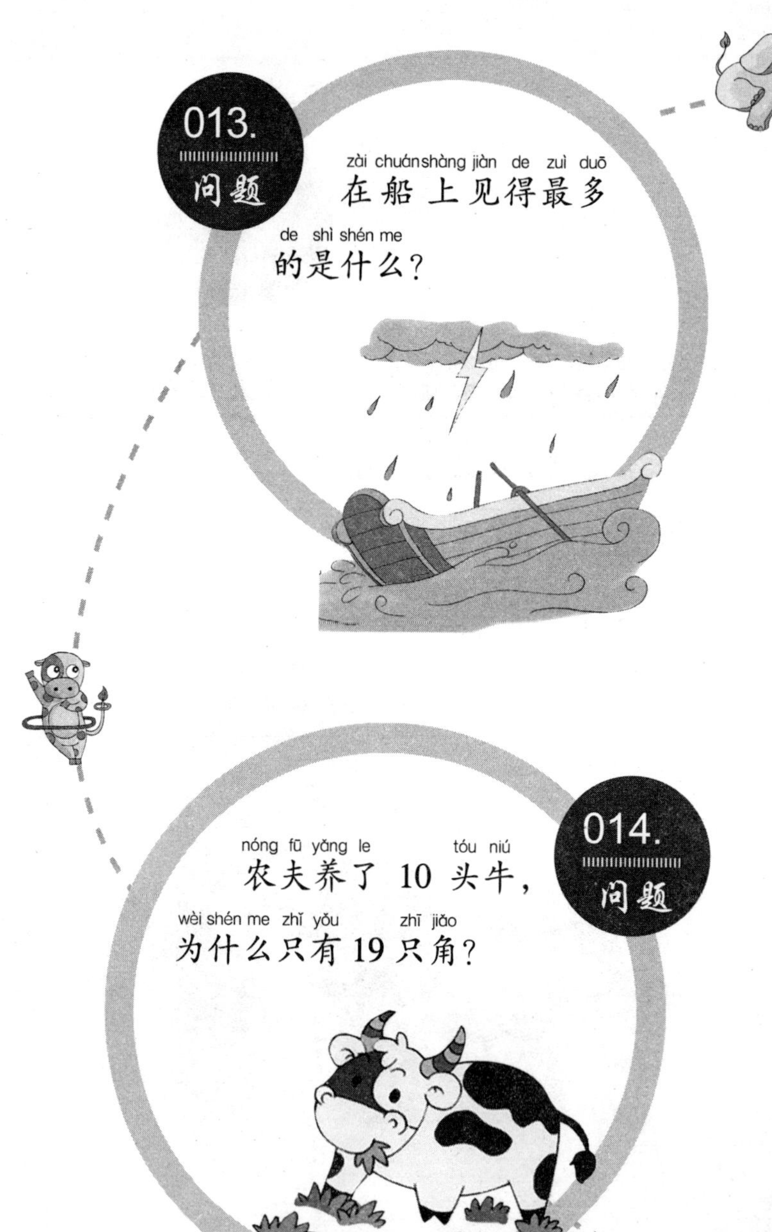

013.

问题

zài chuán shàng jiàn de zuì duō de shì shén me

在船上见得最多的是什么？

014.

问题

nóng fū yǎng le 10 tóu niú, wèi shén me zhǐ yǒu 19 zhī jiǎo

农夫养了10头牛，为什么只有19只角？

015.
问题

lán lan jīng guò shì shí zhèng qiǎo
兰兰经过A市时，正巧A
shì fā shēng le dà dì zhèn wèi shén me lán lan què
市发生了大地震，为什么兰兰却
ān rán wú yàng ne
安然无恙呢？

016.
问题

ná jī dàn zhuàng shí tou wèi hé
拿鸡蛋撞石头为何
bú làn
不烂？

017.

问题

dòng wù yuánzhōng dà xiàng bí zi
动物园中，大象鼻子
zuì cháng bí zi dì èr cháng de shì shén
最长，鼻子第二长的是什
me
么？

018.

问题

shén me huā kě yǐ kàn ér bù kě yǐ bǎ
什么花可以看而不可以把
wán
玩？

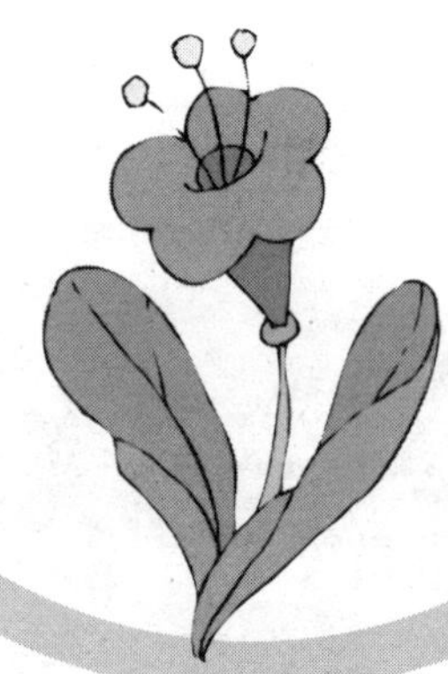

019.
问题

yǒu yì zhǒng wàn róng jiāo rèn hé dōng xi
有一种万溶胶，任何东西
yù dào tā lì kè biàn huì róng huà zhè jù huà yǒu
遇到它立刻便会溶化。这句话有
shén me pò zhàn ma
什么破绽吗？

nǐ wǔ zhù bí zi shí kàn bú dào shén
你捂住鼻子时，看不到什
me ne
么呢？

021. 问题

lǐ lǎo bǎn yǎng le yì xiē hóng jīn yú hé yì xiē hēi jīn
李老板养了一些红金鱼和一些黑金
yú tā fā xiàn hóng jīn yú chī diào de yú shí shì hēi jīn yú
鱼，他发现红金鱼吃掉的鱼食是黑金鱼
de bèi zhè shì shén me yuán yīn
的2倍，这是什么原因？

sān gè rén yì qǐ xià tián dàn
三个人一起下田，但
qí zhōng yí gè rén què lǎo zhàn zài nà lǐ bú
其中一个人却老站在那里不
dòng wèi shén me
动，为什么？

022.
问题

zhǔ yí gè dàn yào sì fēn zhōng
煮一个蛋要四分钟，
zhǔ bā gè dàn yào jǐ fēn zhōng
煮八个蛋要几分钟？

023.
问题

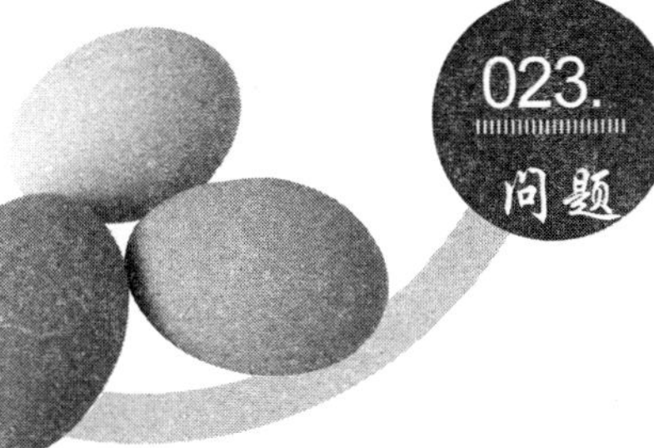

024. 问题

hěn duō rén zì jǐ kàn bù qīng
很多人自己看不清
de huā shì shén me huā
的花是什么花？

025. 问题

wǔ gè xiōng dì， zhù zài yì
五个兄弟，住在一
qǐ， míng zi bù tóng， gāo ǎi bù
起，名字不同，高矮不
yī， shì shén me
一，是什么？

026.
问题

měi jiā fàn diàn yì bān dōu yǒu zì jǐ de

每家饭店一般都有自己的

tè sè cài dàn shén me cài què shì měi jiā fàn diàn
特色菜，但什么菜却是每家饭店

dōu yǒu de ne
都有的呢？

027.

shén me shí hou tài yáng huì dǎ
什么时候太阳会打

xī biān shēng qǐ
问题

什么时候太阳会打西边升起？

028.
问题

xiǎo wáng zhōng wǔ de shí hou qù
小王中午的时候去
kāi huì wèi shén me bàn gè rén yǐng yě
开会，为什么半个人影也
méi kàn dào
没看到？

tiān kōng yǒu yì zhī xiǎo niǎo zhèng zài
天空有一只小鸟正在
tīng qīng wā chàng gē tā tīng dào jīng cǎi chù
听青蛙唱歌，它听到精彩处
wèi shén me què diào xià lái le
为什么却掉下来了？

029.
问题

030.
问题

yǒu jià fēi jī shī shì xiàn chǎng zhī lí pò suì lìng rén jīng yà de shì zhǎo bú dào rèn hé shāng zhě wèi shén me

有架飞机失事，现场支离破碎，令人惊讶的是找不到任何伤者，为什么？

dà xióngmāo yì shēngzhōng de zuì dà yí hàn shì shén me

大熊猫一生中的最大遗憾是什么？

031.
问题

hóng là zhú hái shì lǜ là zhú shāo

红蜡烛还是绿蜡烛烧

dé cháng

得长？

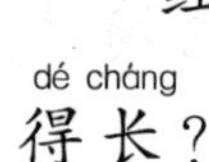

shén me dōng xi yòng wán le hěn kuài

什么东西用完了很快

yòu huì huí lái

又会回来？

034.
问题

yǒu gè máng rén héngchuān mǎ lù tā shēnchuān hēi sè yī
有个盲人横穿马路，他身穿黑色衣
fu dāng shí jì méi yǒu lù dēng yě méi yǒu yuè liàng xīng
服，当时既没有路灯，也没有月亮，星
xīng yě kàn bú jiàn yǐngzōng dàn shì sī jī què yì yǎn jiù
星也看不见影踪，但是，司机却一眼就
kàn dào le tā qǐng wèn zhè shì shén me yuán yīn
看到了他。请问：这是什么原因？

shén me fáng bù néng zhù rén
什么房不能住人？

问题

shén me dōng xi yǒu tuǐ què bù
什么东西有腿却不
néng zǒu lù
能走路？

037. 问题

蝎子和螃蟹玩“石头、剪刀、布”的游戏，为什么它们猜了两天，还是分不出胜负呢？

xiē zi hé páng xiè wán shí tou jiǎn dāo bù de yóu xì wèi shén me tā men cāi le liǎng tiān hái shì fēn bù chū shèng fù ne

038. 问题

沙漠中最常见的东西是什么？

shā mò zhōng zuì cháng jiàn de dōng xi shì shén me

039. 问题

shén me yàng de rén jiàn dào yángguāng
什么样的人见到阳光

jiù huì duǒ de wú yǐng wú zōng
就会躲得无影无踪？

mā ma cóng wài dì mǎi huí yì zhǒng yú
妈妈从外地买回一种鱼，

wú lùn fàng duō cháng shí jiān yě bú huì chòu wèi
无论放多长时间也不会臭。为

shén me
什么？

040. 问题

041.
问题

yǒu shén me dōng xi bù guǎn nǐ xǐ huān yǔ fǒu tā què měi nián yí dìng yào zēng jiā yì diǎn zhè shì shén me dōng xi
有什么东西，不管你喜欢与否，它却每年一定要增加一点，这是什么东西？

rú guǒ píng guǒ méi luò zài niú dùn tóu shàng huì luò zài nǎ lǐ
如果苹果没落在牛顿头上，会落在哪里？

042.
问题

043. 问题

zhāng sān wèn lǐ sì wǔ cì tóng yí gè wèn tí lǐ sì
张三问李四五次同一个问题，李四
huí dá le wǔ gè bù tóng de dá àn ér qiě měi gè dōu shì
回答了五个不同的答案，而且每个都是
duì de nà me zhāng sān wèn de shì shén me ne
对的，那么张三问的是什么呢？

yán rè de xià tiān bèi bèi mǎi le
炎热的夏天，贝贝买了
bàn gè xī guā huí jiā zài bù lěng cáng de qíng
半个西瓜回家，在不冷藏的情
kuàng xià zěn yàng cái néng bǎo zhèng xī guā bú
况下，怎样才能保证西瓜不
huì biàn huài
会变坏？

044.
问题

bèi qiē chéng yí bàn de píng guǒ
被切成一半的苹果，
gēn shén me hěn xiàng
跟什么很像？

045.
问题

046.

问题

wèi shén me gāng chū shēng de

为什么刚出生的

xiǎo hái zhǐ yǒu yì zhī zuǒ yǎn jīng

小孩只有一只左眼睛？

047.

问题

qì chē zài yòu zhuǎn wān shí nǎ

汽车在右转弯时，哪

zhī lún tāi bú zhuàn

只轮胎不转？

mão tóu yīng zhāo dài kè rén　xǐ què shì xǐ
猫头鹰招待客人，喜鹊是喜
niǎo　bèi chēng wéi　xǐ kè　yàn zǐ shì yì
鸟，被称为“喜客”，燕子是益
niǎo　bèi chēng wéi　yì kè　wū yā yīng bèi
鸟，被称为“益客”，乌鸦应被
chēng wéi shén me
称为什么？

048.
问题

wèi shén me dà yàn dōng tiān yào
为什么大雁冬天要
fēi qù nán fāng
飞去南方？

049.
问题

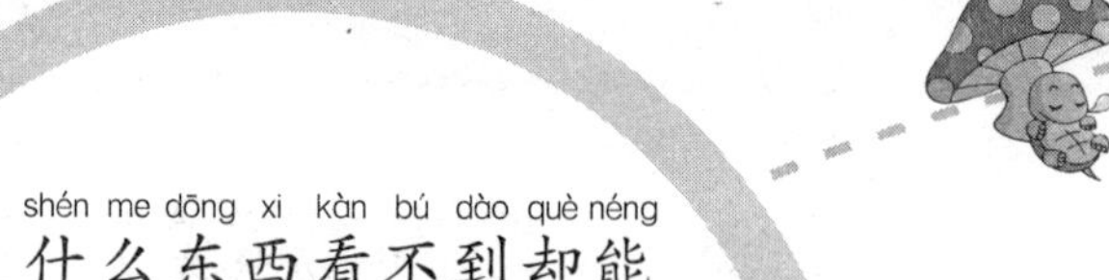

050.
问题

shén me dōng xi kàn bú dào què néng
什么东西看不到却能
mō dào wàn yī mō bú dào huì bǎ rén xià
摸到，万一摸不到会把人吓
dǎo
倒？

yǒu yì zhī máo máo chóng yào guò hé
有一只毛毛虫要过河，
qián miàn méi yǒu qiáo wèn tā shì zěn me guò
前面没有桥，问它是怎么过
qù de
去的？

051.
问题

052.
问题

lù biān yì kē lǐ zi shù jié mǎn le lǐ

路边一棵李子树结满了李

zi wèi shén me ào lì fó zhǐ kàn le yì yǎn jiù
子，为什么奥利佛只看了一眼就

zhī dào lǐ zi shì kǔ de
知道李子是苦的？

shén me dōng xi rén men zài bù tíng de

什么东西人们在不停地

chī tā què yǒngyuǎn chī bù bǎo
吃它，却永远吃不饱？

053.
问题

yì nián qián de jīn tiān wǒ men dōu zài
一年前的今天我们都在
zuò zhe tóng yí jiàn shì nǐ zhī dào shì shén me
做着同一件事，你知道是什么
shì ma
事吗？

054.
问题

sēn lín lǐ shén me zuì duō
森林里什么最多？

055.
问题

yǒu yí gè dōng xi shì qīng nián rén de yīng ér qī zhōng
有一个东西，是青年人的婴儿期，中
nián rén de qīng nián qī lǎo nián rén de zhěng gè guò qù tā
年人的青年期，老年人的整个过去，它
shì shén me
是什么？

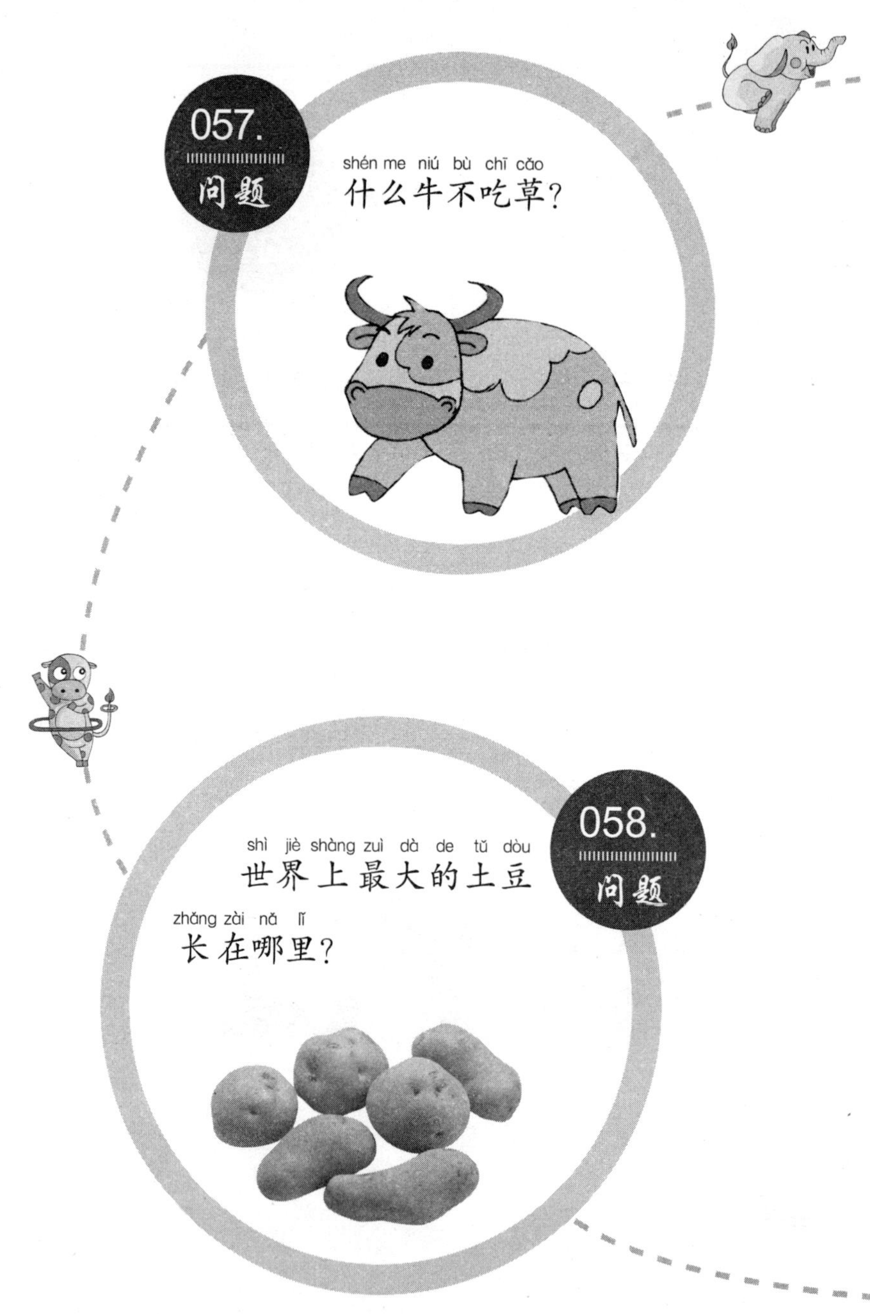

057. 问题

shén me niú bù chī cǎo
什么牛不吃草？

058. 问题

shì jiè shàng zuì dà de tǔ dòu
世界上最大的土豆

zhǎng zài nǎ lǐ
长在哪里？

yǒu yì zhī xiā le zuǒ yǎn de shānyáng zuǒ
有一只瞎了左眼的山羊，左
biān fàng le yì zhī jī tuǐ yòu biān fàng zhe yì zhī
边放了一只鸡腿，右边放着一只
yáng tuǐ wèn shānyáng huì xiān chī shén me
羊腿，问：山羊会先吃什么？

059.
问题

yǒu yì qún xiǎo jī zài cài dì lǐ
有一群小鸡在菜地里
luàn cuàn xiǎo jī shì shuí de
乱窜，小鸡是谁的？

060.
问题

061.
问题

shén me dì fāng tài yáng zhào shè de
什么地方太阳照射得
yù qiáng liè shuǐ fǎn ér yù lái yù duō
愈强烈，水反而愈来愈多？

yí gè rén zài sēn lín lǐ yù dào le shī
一个人在森林里遇到了狮
zi zěn me bàn
子怎么办？

062.
问题

063.

问题

rú guǒ bù shǐ yòng fàng dà jìng yě bú
如果不使用放大镜，也不
yòng rèn hé zhào xiàng huò lù xiàng qì cái nǐ
用任何照相或录像器材，你
néng bǎ zì jǐ xiě de zì fàng dà ma
能把自己写的字放大吗？

shén me fāng fǎ kě yǐ ràng nǐ yì jǔ
什么方法可以让你一举
chéng míng
成名？

参考答案

1. 因为这种布是瀑布。
2. 要从地基开始。
3. 降落伞。
4. 壮壮是一只羊。
5. 塑料花。
6. 黑鸡，黑鸡会下白蛋，白鸡不会下黑蛋。
7. 因为绳子起初是结成圆圈的。
8. 因为那个人是跳水运动员。
9. 榨成汁。
10. 游过来的是鲨鱼。
11. 树不会跳。
12. 他长大成人后，实现了自己的愿望。
13. 水。
14. 因为有一头是犀牛。
15. 兰兰正坐飞机经过A市。
16. 拿鸡蛋撞,石头当然不烂。
17. 小象。
18. 水花和烟花。
19. 有，这种东西用什么容器装。
20. 自己的鼻子。
21. 因为红金鱼数是黑金鱼数的两倍。
22. 不动的人是稻草人。
23. 四分钟。
24. 眼花。
25. 手指。
26. 蔬菜。
27. 早上，从镜子里。
28. 影子没有半个的。
29. 因为那只小鸟鼓掌叫好，所以掉了下来。
30. 那是一架遥控飞机。
31. 没有彩色照片。
32. 都会越烧越短。

33. 力气。
34. 这是在白天。
35. 蜂房。
36. 桌子、椅子。
37. 它们都只会出剪子。
38. 沙子。
39. 雪人。
40. 因为这种鱼是木鱼。
41. 年龄。
42. 地上。
43. 是时间。
44. 把西瓜吃到肚子里。
45. 和另一半很像。
46. 人都只有一只左眼睛。
47. 备用轮胎。
48. “黑客”，因为乌鸦的羽毛是黑色的。
49. 因为大雁不会走着去。
50. 心跳。
51. 变成蝴蝶飞过去的。
52. 路边的李子如果是甜的早就被摘光了。
53. 空气。
54. 呼吸。
55. 树叶。
56. 昨天。
57. 蜗牛。
58. 地里。
59. 羊只会吃草。
60. 鸡妈妈的。
61. 雪地。
62. 先搞清楚它有没有看到自己。
63. 写在气球上，然后把它吹起来。

文字游戏类

001. 问题

yì zhī yáng zài cǎo dì shàng chī cǎo　　zhè shí hou

一只羊在草地上吃草，这时候
lái le yì zhī láng　zhè shí nǐ huì xiǎng dào nǎ zhǒng zhí
来了一只狼，这时你会想到哪种植物？

shén me shuǐ qǔ zhī bú jìn yòng zhī
什么水取之不尽用之

bù jié
不竭？

003.
问题

shū diàn lǐ mǎi bú dào de shū shì
书店里买不到的书是

shén me shū
什么书？

004.

问题

rén de yì shēng xū yào chī

人的一生需要吃

shén me

什么？

005.

问题

shàng hǎi de nán jīng lù lái

上海的南京路，来

wǎng zuì duō de shì shén me rén

往最多的是什么人？

bīng biàn chéng shuǐ zuì kuài de fāng fǎ shì
冰变成水最快的方法是
shén me
什么？

006.
问题

shén me shí hou zǐ nǚ xiāng féng
什么时候子女相逢
néng bìng jiān
能并肩？

007.
问题

008.
问题

rú guǒ yǒu jī huì ràng nǐ yí mín
如果有机会让你移民，
nǐ yí dìng bú huì qù nǎ gè guó jiā
你一定不会去哪个国家？

hēi tóu fà yǒu shén me hǎo chù
黑头发有什么好处？

009.
问题

010. 问题

xiān tiān shì zhǐ fù mǔ de yí
"先天"是指父母的遗
chuán nà hòu tiān shì zhǐ shén me
传，那"后天"是指什么？

shén me dì fāng de lù zuì zhǎi
什么地方的路最窄？

011. 问题

012.
问题

nǐ de bà ba de mèi mei de táng dì de biǎo gē de bà ba yǔ nǐ shū shu de ér zi de sǎo zi shì shén me guān xì
你的爸爸的妹妹的堂弟的表哥的爸爸与你叔叔的儿子的嫂子是什么关系？

shàng biān máo　xià biān máo　zhōng
上边毛，下边毛，中
jiān yí gè hēi pú táo　shì shén me
间一个黑葡萄，是什么？

013.
问题

lán sè de bǐ néng xiě chū hóng
蓝色的笔能写出红
zì ma
字吗？

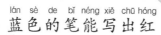

014.
问题

015.
问题

wèi shén me yì qún láng dāng zhōng bì dìng yǒu yì zhī yáng
为什么一群狼当中必定有一只羊？

nǎ gè shù zì zuì lǎn nǎ gè shù zì zuì qín
哪个数字最懒，哪个数字最勤？

016.
问题

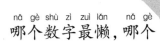

lóng tū rán shī zōng le qǐng wèn mǎ hǔ
龙突然失踪了，请问马、虎、
shī zi sān zhǒng dòng wù zhōng shuí zuì yǒu kě néng
狮子三种动物中谁最有可能
bǎ lóng cáng qǐ lái le
把龙藏起来了？

017.
问题

nǎ er de hǎi bù chǎn yú
哪儿的海不产鱼？

018.
问题

dǎ shén me dōng xi háo bú fèi lì
打什么东西毫不费力？
019.
问题
dà xiàng de zuǒ ěr duo xiàngshén me
大象的左耳朵像什么？
020.
问题

021.

问题

shān lín zhōng yǒu tiān é shān jī huǒ jī kǒng
山林中有天鹅、山鸡、火鸡、孔
què yě yā qí zhōng nǎ gè zuì kě néng huì bèi dǎ
雀、野鸭，其中哪个最可能会被打？

jīn tiān xià wǔ dào wàng jiǎo kàn diàn yǐng
今天下午到旺角看电影，
dào le wàng jiǎo bàn gè rén yě kàn bú jiàn
到了旺角，半个人也看不见，
wèi shén me
为什么？

022.
问题

zhì shǎo yào duō shǎo shí jiān cái néng
至少要多少时间才能
dú wán qīng huá dà xué
读完清华大学？

023.
问题

024.

问题

yì jiān láo fángzhōngguān le liǎngmíng fàn rén qí zhōng yí
一间牢房中关了两名犯人，其中一
gè yīn tōu qiè yào guān yì nián lìng yí gè shì shā rén fàn
个因偷窃，要关一年，另一个是杀人犯，
què zhǐ guānliǎng gè xīng qī wèi shén me
却只关两个星期，为什么？

025.

问题

tài píng yáng de zhōng jiān shì shén me
太平洋的中间是什么？

026.

问题

zài xiāng gǎng shēng huó de rén shì bú shì kě yǐ mái zàng zài guǎngzhōu ne
在香港生活的人，是不是可以埋葬在广州呢？

bān shàng yǒu liǎng míng tóng xué de xìng míng wán
班上有两名同学的姓名完
quán yí yàng dàn wèi shén me lǎo shī diǎn míng shí
全一样，但为什么老师点名时
cóng lái méi yǒu jiào cuò guò tā liǎ
从来没有叫错过他俩？

027.
问题

liǎng duì fù zǐ qù mǎi mào zi
两对父子去买帽子，
wèi shén me zhǐ mǎi le sān dǐng
为什么只买了三顶？

028.
问题

029.
问题

yì gēn shǒu zhǐ jiào zuò　　　liǎng gēn shǒu zhǐ

一根手指叫做 one，两根手指

jiào zuò　　　yǐ cǐ lèi tuī　　sì gēn shǒu zhǐ jiào
叫做 two，以此类推，四根手指叫

zuò　　　nà me wān qǐ lái de sì gēn shǒu zhǐ
做 four，那么弯起来的四根手指

jiào shén me
叫什么？

qǐng wèn　　shén me gǒu bú huì
请问，什么狗不会

jiào
叫？

030.
问题

请问，什么狗不会叫？

031.
问题

xiǎo míng de bà ba shì jǐng chá tā
小明的爸爸是警察，他
yǎn kàn zhe ér zi tōu le yí yàng dōng xi què
眼看着儿子偷了一样东西，却
méi yǒu duō jiā guǎn jiào zhè shì zěn me huí
没有多加管教，这是怎么回
shì
事？

shén me yàng de jiǎo liáng bù chū dù shù
什么样的角量不出度数？

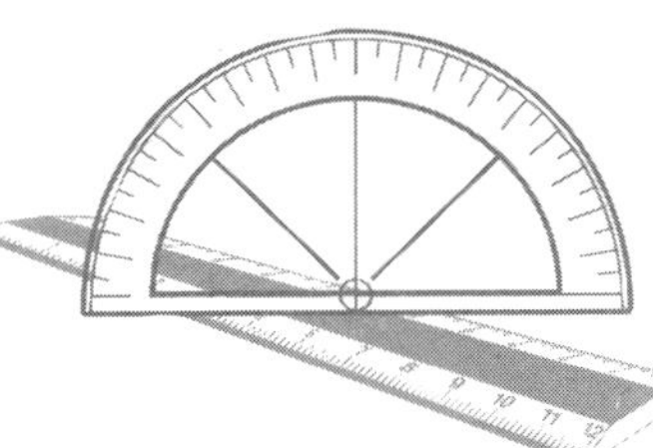

032.
问题

033. 问题

zhī jī tiān shēng le gè dàn tiān nèi
5只鸡5天生了5个蛋。100天内
yào shēng gè dàn yào duō shǎo zhī jī
要生100个蛋，要多少只鸡？

shì jiè shàng zuì láo gù de qín
世界上最牢固的琴

shì shén me qín
是什么琴？

034.
问题

bǎ huǒ xī miè zuì kuài de fāng fǎ
把火熄灭最快的方法

shì shén me
是什么？

035.
问题

dà jiā dōu bù xiǎng dé dào de shì shén me
大家都不想得到的是什么？

036.
问题

zhōng guó nǎ gè shěng de dōng xi zuì bù pián yì
中国哪个省的东西最不便宜？

037.
问题

038.

问题

shù zì zài lù shàng fān le yí gè gēn tou yòu fān
数字“3”在路上翻了一个跟头又翻
le yí gè gēn tou dǎ yì chéng yǔ
了一个跟头，打一成语。

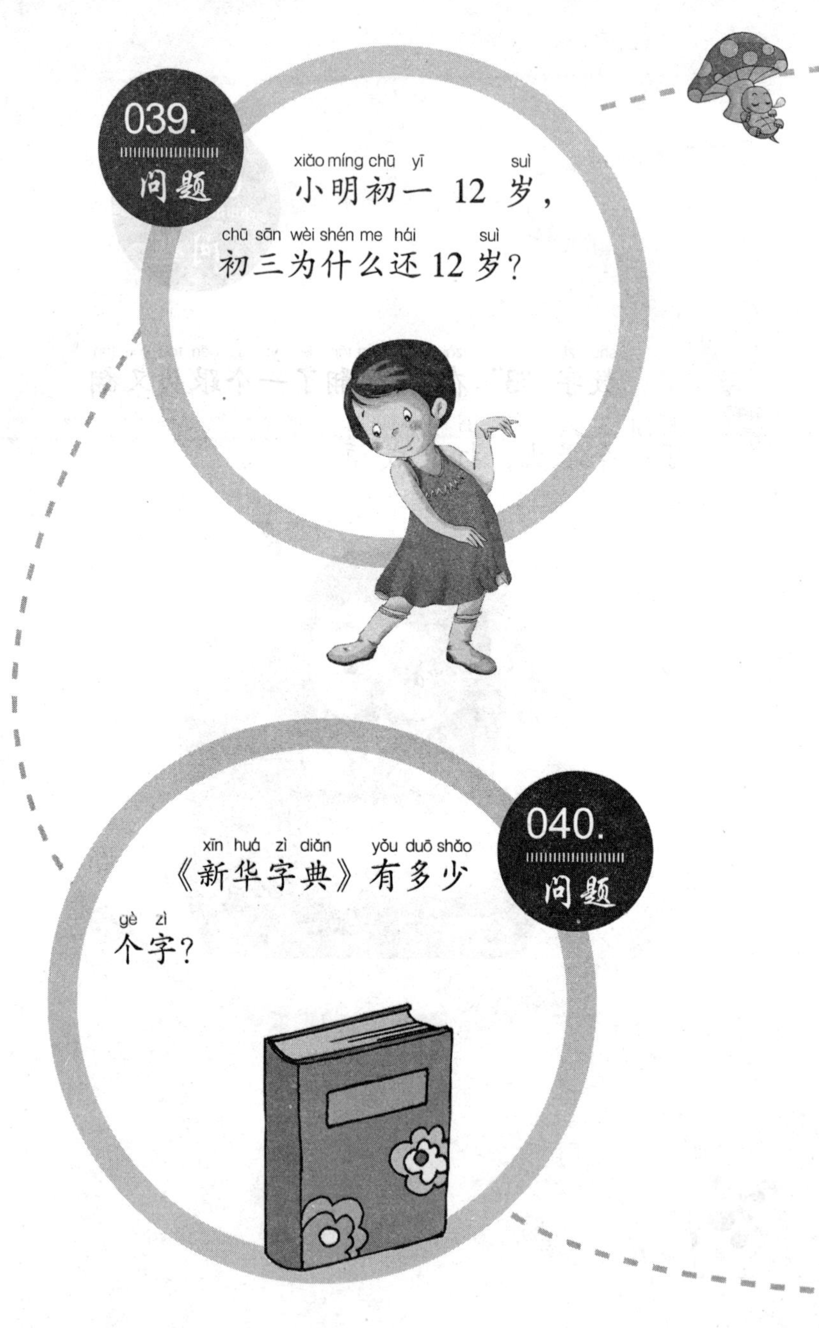

039.
问题

xiǎo míng chū yī suì
小明初一 12 岁，
chū sān wèi shén me hái suì
初三为什么还12 岁？

040.
问题

xīn huá zì diǎn yǒu duō shǎo
《新华字典》有多少
gè zì
个字？

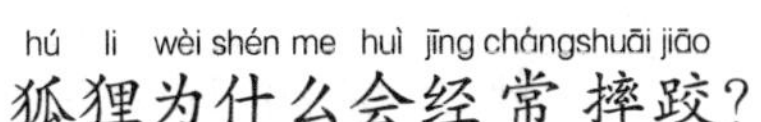

hú li wèi shén me huì jīng chángshuāi jiāo
狐狸为什么会经常摔跤？

041.
问题

mǎn shēn dōu shì zuǐ de zì shì
满身都是嘴的字是
shén me zì
什么字？

042.
问题

shén me yàng de shān hé hǎi kě yǐ
什么样的山和海可以
yí dòng
移动？

kǒng zǐ yǔ mèng zǐ yǒu shén me qū bié
孔子与孟子有什么区别？

044.
问题

shén me bēi bù néng zhuāng shuǐ, rén men què xiǎng dé dào tā

什么杯不能装水，人们却想得到它？

zài zhōng guó, nǎ gè cūn zhuāng zuì dà

在中国，哪个村庄最大？

046.

问题

047. 问题

ná kuài zi chī fàn zhè shì nǎ gè chéng yǔ
拿筷子吃饭，这是哪个成语？

yǒu liǎng gè zì nǐ dú de shí hou kěn dìng huì dà xiào qǐng wèn shì nǎ liǎng gè zì
有两个字你读的时候肯定会大笑，请问是哪两个字？

048. 问题

049.
问题

有 10 只羊，9 只蹲在羊圈，1 只蹲在猪圈，这是哪个成语？

世界上人口最多的是哪国？

050.
问题

shé tóu bú jiàn le cāi cāi zhè shì shén me zì
舌头不见了，猜猜这是什么字。

051.
问题

jì néng chéng chē yòng yòu néng guàng gōng yuán yòng de shì shén me piào
既能乘车用，又能逛公园用的是什么票？

052.
问题

053.
问题

qí qí kǎo shì kǎo le　　fēn　dé dào le lǎo shī de
奇奇考试考了95分，得到了老师的

biǎoyáng　　jiā jiā bǐ tā duō kǎo yì diǎn　　wèi shén me què ái
表扬。嘉嘉比他多考一点，为什么却挨

le　pī píng
了批评？

参考答案

1. 杨梅（"羊没"的谐音，因为狼吃羊）。
2. 口水。
3. 秘书。
4. 吃饭。
5. 中国人。
6. 把"冰"字的两点去掉。
7. 好。
8. 天国。
9. 不怕晒黑。
10. 明天过去的那天。
11. 冤家路窄。
12. 亲戚关系。
13. 眼睛。
14. 可以。写个"红"字。
15. "群"字里的"羊"。
16. 一不做，二不休。
17. 虎，因为卧虎藏龙嘛。
18. 辞海。
19. 打瞌睡。
20. 像右耳朵。
21. 火鸡，打火机（鸡）嘛。
22. 人有很多个，却没有半个。
23. 几秒钟。
24. 因为杀人犯要拉出去枪毙。
25. 是"平"字。
26. 活人是不能埋葬的。
27. 这两名同学的名字中有一个字是多音字。
28. 三代人。
29. Wonderful（弯的 four）。
30. 热狗。
31. 儿子在偷笑。
32. 牛角。
33. 五只鸡。
34. 钢琴。
35. 火字上加一横。

36. 病。

37. 贵州。

38. 三番两次。

39. 因为“初三”是大年初三。

40. 四个。

41. 因为它狡猾（脚滑）。

42. 品。

43. 人山人海。

44. 孔子的“子”在左边，孟子的“子”在上边。

45. 奖杯。

46. 石家庄。

47. 脍炙人口（筷至人口）。

48. “哈哈”。

49. 抑扬顿挫（一羊蹲错）。

50. 联合国。

51. 古。

52. 钞票。

53. 嘉嘉考了9.5分。

幽默讽刺类

001.
问题

zài yí cì kǎo shì zhōng yí duì tóng zhuō jiāo le yì

在一次考试中，一对同桌交了一
mú yí yàng de kǎo juàn dàn lǎo shī rèn wéi tā men kěn dìng
模一样的考卷，但老师认为他们肯定
méi yǒu zuò bì zhè shì wèi shén me
没有做弊，这是为什么？

chī píng guǒ chī chū yì tiáo chóng
吃苹果吃出一条虫
zi gǎn jué ě xīn chī chū jǐ tiáo chóng
子感觉恶心，吃出几条虫
zi gǎn jué zuì ě xīn
子感觉最恶心？

002.
问题

003.
问题

gāng zuò wán shǒu shù de bìng rén shuō
刚做完手术的病人说：
yī shēng nǐ bǎ jiǎn dāo wàng zài wǒ dù
“医生，你把剪刀忘在我肚
zi lǐ le wèi shén me yī shēng shuō méi
子里了。”为什么医生说没
guān xì
关系？

004.
问题

gē lún bù tà shàng xīn dà
哥伦布踏上新大
lù dì yí bù hòu zuò de shì qing shì
陆第一步后做的事情是
shén me
什么？

005.
问题

měi lì de gōng zhǔ jié hūn yǐ
美丽的公主结婚以
hòu jiù bú guà wén zhàng le wèi shén
后就不挂蚊帐了，为什
me
么？

006. 问题

pàngpàng shì gè pō yǒu míng qì de tiào shuǐ
胖胖是个颇有名气的跳水
yùn dòngyuán kě shì yǒu yì tiān tā zhàn zài
运动员，可是有一天，他站在
tiào tái shàng què bù gǎn wǎng xià tiào zhè shì
跳台上，却不敢往下跳。这是
wèi shén me
为什么？

fēi jī zài tiān shàng fēi tū rán
飞机在天上飞，突然
méi yóu le shén me dōng xi huì xiān diào
没油了，什么东西会先掉
xià qù
下去？

007. 问题

bǎi huò gōng sī lǐ yǒu gè tóu fà
百货公司里有个头发
xī shǎo de tuī xiāo yuán zhèng zài tuī xiāo
稀少的推销员正在推销
shēng fà shuǐ nǐ zhī dào tā wèi shén me
生发水，你知道他为什么
zì jǐ bú yòng shēng fà shuǐ ma
自己不用生发水吗？

008.
问题

bǎo mǔ wèi yí duì shuāng bāo tāi xǐ
保姆为一对双胞胎洗
zǎo wèi shén me xǐ wán hòu gē ge shēn shàng
澡，为什么洗完后哥哥身上
hái shì zāng de
还是脏的？

009.
问题

yǒu yì zhǒngdōng xi mǎi de rén zhī dào mài
有一种东西，买的人知道，卖
de rén yě zhī dào zhǐ yǒu yòng de rén bù zhī dào
的人也知道，只有用的人不知道，
shì shén me dōng xi
是什么东西？

011.

问题

yǒu zhī wō niú cóng xīn jiāng pá dào hǎi nán wèi shén
有只蜗牛从新疆爬到海南为什

me zhǐ xū sān fēn zhōng
么只需三分钟？

012. 问题

shì lǐ xīn kāi zhāng le yì jiā yī yuàn shè bèi xiān jìn
市里新开张了一家医院，设备先进，
fú wù zhōu dào dàn lìng rén qí guài de shì zhè er jìng yí wèi
服务周到。但令人奇怪的是这儿竟一位
bìng rén dōu bù shōu zhè shì wèi shá
病人都不收，这是为啥？

013.
问题

gǔ jīn zhōng wài de wěi rén dōu yǒu de gòngtóng diǎn shì shén me
古今中外的伟人都有的共同点是什么？

014.
问题

shì shàng shén me dōng xi bǐ tiān gèng gāo
世上什么东西比天更高？

015.
问题

xiǎo míng zài jiē shàng sàn bù shí jiàn dào yì
小明在街上散步时见到一
zhāng bǎi yuán dà chāo hé yí kuài gǔ tóu xiǎo míng
张百元大钞和一块骨头，小明
què jiǎn le yí kuài gǔ tou wèi shén me
却捡了一块骨头，为什么？

016.
问题

shuì měi rén zuì pà de shì shén me
睡美人最怕的是什么？

017.
问题

xiǎo hóu zi měi fēn zhōng néng bāi yí gè yù mǐ nà me zài guǒ yuán lǐ tā fēn zhōng néng bāi jǐ gè yù mǐ
小猴子每分钟能掰一个玉米。那么在果园里，它 5 分钟能掰几个玉米？

yí gè rén bèi lǎo hǔ qióng zhuī bù shě tū rán qián miàn yǒu yì tiáo dà hé tā bú huì yóu yǒng dàn tā hái shì guò qù le wèi shén me
一个人被老虎穷追不舍，突然前面有一条大河，他不会游泳，但他还是过去了，为什么？

018.
问题

019. 问题

yí wèi huò chē sī jī zhuàng dǎo mó tuō chē huò chē sī jī shòu le zhòngshāng ér qí mó tuō chē de rén què méi yǒu shì wèi shén me

一位货车司机撞倒摩托车，货车司机受了重伤，而骑摩托车的人却没有事，为什么？

020. 问题

láng lái le zhè gè gù shì gěi rén shén me qǐ shì

《狼来了！》这个故事给人什么启示？

xiǎo guō hěn ài chàng gē jiù lián shuā yá shí tā yě
小郭很爱唱歌，就连刷牙时，他也
yǔ zhòng bù tóng de fàngshēng dà chàng jié guǒ hái kě yǐ bǎ yá
与众不同地放声大唱，结果还可以把牙
shuā de hěn gān jìng nǐ shuō zhè shì wèi shén me
刷得很干净，你说这是为什么？

wài guó rén wèn lù xiǎomíng pīn mìng
外国人问路，小明拼命
yòngyīng yǔ duì tā shuō tā què yì diǎn er
用英语对他说，他却一点儿
yě tīng bù dǒng zhè shì wèi shén me
也听不懂，这是为什么？

022.
问题

yì zhī láng zuān jìn le yáng juàn
一只狼钻进了羊圈，
kě shì tā wèi shén me méi yǒu chī
可是它为什么没有吃
yáng
羊？

023.
问题

024.

问

xiǎo pí mǎi le yí liàngquán xīn
小皮买了一辆全新
de pǎo chē què bù néng kāi shàng mǎ
的跑车，却不能开上马
lù zhè shì wèi shén me
路，这是为什么？

025.

问题

shèng dàn yè shèng dàn lǎo gōng
圣诞夜，圣诞老公
gong fàng jìn wà zi de dì yí jiàn dōng
公放进袜子的第一件东
xi shì shén me
西是什么？

026.
问题

zuǒ kàn xiàng diàn fēng shàn yòu kàn xiàng diàn fēng shàn
左看像电风扇，右看像电风扇，
suī rán xiàng diàn fēng shàn jiù shì bú huì zhuàn qǐng wèn zhè
虽然像电风扇，就是不会转，请问这
jiū jìng shì shén me
究竟是什么？

027.
问题

zài jī chǎng bàn chū jìng shǒu xù shí
在机场办出境手续时，
cái xiǎng qǐ wàng le ná hù zhào zěn me
才想起忘了拿护照，怎么
yàng cái néng zài zuì duǎn de shí jiān lǐ ná
样才能在最短的时间里拿
dào hù zhào ne
到护照呢？

zài méi yǒu tíng diàn tiào zhá de qíng kuàng
在没有停电、跳闸的情况
xià wú xiān sheng zěn me àn le kāi guān diàn
下，吴先生怎么按了开关，电
dēng què méi yǒu liàng
灯却没有亮？

028.
问题

029. 问题

yǒu gè pàng zi shàng le gōnggòng qì chē
有个胖子上了公共汽车，

méi yǒu yuè piào shòupiàoyuán wèi shén me ràng tā cóng
没有月票，售票员为什么让他从

qǐ diǎn zuò dào zhōngdiǎn
起点坐到终点？

tōu chē zéi zài sī xià wú rén shí kàn
偷车贼在私下无人时，看

dào yí liàng kǎi dí lā kè què bú dòngshǒu
到一辆凯迪拉克，却不动手，

wèi shén me
为什么？

030. 问题

jī dàn lǐ miàn tiāo gǔ tou biǎo shì
鸡蛋里面挑“骨头”表示
gù yì zhǎo rén má fan nà jī dàn lǐ tiāo shí
故意找人麻烦，那鸡蛋里挑“石
tóu yòu dài biǎo shén me yì si
头”又代表什么意思？

031.
问题

rén qiāo dèng zi huì fā chū dōng
人敲凳子会发出“咚
dōng shēng nà me dèng zǐ qiāo rén huì
咚”声，那么凳子敲人会
fā chū shén me shēng
发出什么声？

032.
问题

033.
问题

zhāng láng qǐng wú gōng hé bì hǔ dào jiā li zuò kè fā
蟑螂请蜈蚣和壁虎到家里做客，发

xiàn méi yǒu yóu le wú gōng yào qù mǎi què jiǔ jiǔ wèi huí
现没有油了，蜈蚣要去买，却久久未回，

jiū jìng fā shēng le shén me shì
究竟发生了什么事？

cóng lái méi jiàn guò de yé ye
从来没见过的爷爷
shì shén me yé ye
是什么爷爷？

035.
问题

yì bān lái shuō nǐ yòng zuǒ
一般来说，你用左
shǒu xiě zì hái shì yòng yòu shǒu xiě
手写字还是用右手写
zì
字？

xiǎo qí de yīng yǔ fēi cháng hǎo wèi shén
小琪的英语非常好，为什

me lái zì yīng guó de bù lǎng què tīng bù dǒng tā
么来自英国的布朗却听不懂她

shuō de huà
说的话？

036.
问题

shì jiè shàng zuì pián yì de dà
世界上最便宜的大

lóu shì shén me dà lóu
楼是什么大楼？

037.
问题

038.
问题

yì tóu mǔ zhū dài zhe tóu xiǎo
一头母猪带着 10 头小
zhū guò hé shí diū le tóu dàn guò hé
猪过河时丢了 3 头，但过河
hòu tā yì shǔ hái shì tóu xiǎo zhū
后它一数，还是 10 头小猪。
wèi shén me
为什么？

yǒu yì zhī gǒu hún shēn shī lín lín de
有一只狗浑身湿淋淋的，
máo dōu jǐn jǐn de tiē zài shēnshàng nǐ néng xùn
毛都紧紧地贴在身上，你能迅
sù pàn duàn chū zhè shì yì zhī shén me gǒu
速判断出这是一只什么狗
ma
吗？

039.
问题

040.
问题

tāng mǔ xiě xìn shí shōu xìn rén hé jì xìn rén de dì zhǐ xiě fǎn le jié guǒ xìn jì huí zì jǐ jiā zhōng bú guò tā bù huā bàn fēn qián yòu bǎ xìn jì gěi le shōu xìn rén wèi shén me
汤姆写信时，收信人和寄信人的地址写反了，结果信寄回自己家中，不过他不花半分钱又把信寄给了收信人，为什么？

bìnghuàn zài shén me dì fāng zuì méi tòng kǔ
病患在什么地方最没痛苦？

041.
问题

042. 问题

xiǎo míng shàng bān shí jiān chī hóng dòu tāng yuán jīng lǐ kàn
小明上班时间吃红豆汤圆，经理看
jiàn hòu shēng qì de shuō tài xián le shì bú shì xiǎo
见后生气地说：“太闲了是不是？”小
míng huí dá le yí jù shén me huà bǎ jīng lǐ qì de chà diǎn yūn
明回答了一句什么话把经理气得差点晕
dǎo
倒？

cè yàn shí xiǎo yún suǒ yǒu de tí mù
测验时小云所有的题目
dōu dá duì dàn tā què méi yǒu dé dào mǎn
都答对，但她却没有得到满
fēn wèi shén me
分，为什么？

043.
问题

wén zǐ jué bù dīng nǎ yì zhǒng
蚊子决不叮哪一种
dòng wù
动物？

044.
问题

045.
问题

dǎ cháng tú diàn huà de shí
打长途电话的时
hou yǒu yì zhǒng huà jiǎng de yuè shǎo
候有一种话讲得越少
yuè hǎo nǐ zhī dào shì shén me huà
越好，你知道是什么话
ma
吗？

046.
问题

lǐ fà shī zuì bù xǐ huān shén
理发师最不喜欢什
me
么？

yí gè rén diào dào hé lǐ hái zhēng zhá le
一个人掉到河里，还挣扎了
jǐ xià tā cóng hé lǐ pá shàng lái yī fu quán
几下，他从河里爬上来，衣服全
shī le tóu fà què méi shī wèi shén me
湿了，头发却没湿，为什么？

047.
问题

shǐ zhōng bù gǎn xǐ zǎo de shì
始终不敢洗澡的是
shén me rén
什么人？

048.
问题

049.
问题

shén me dòng wù de pí kě yǐ biàn
什么动物的皮可以变
de hěn dà hěn dà yě kě yǐ biàn de hěn
得很大很大，也可以变得很
xiǎo hěn xiǎo
小很小？

yǒu yì tiān lǜ dòu cóng wǔ lóu tiào xià
有一天绿豆从五楼跳下
lái liú le hěn duō xiě jié guǒ zěn me yàng
来，流了很多血，结果怎么样
le
了？

050.
问题

051.
问题

yì sōu zài dà hǎi shàng háng xíng de
一艘在大海上航行的
lún chuán tū rán yù dào bào fēng yǔ chuán fān le
轮船突然遇到暴风雨，船翻了，
sǐ le hěn duō rén sǐ de rén jiào lí nàn zhě
死了很多人，死的人叫罹难者，
huó zhe de rén jiào shén me
活着的人叫什么？

xiǎo míng cóng lái méi qù guò měi guó tā
小明从来没去过美国，他
xiǎng qù měi guó zhì shǎo yīng huā duō shǎo qián
想去美国，至少应花多少钱？

052.
问题

053.
问题

wèi shén me yóu yǒng bǐ sài zài dōng tiān jǔ xíng de shí hou xuǎnshǒu fā huī de bǐ xià tiān hǎo
为什么游泳比赛在冬天举行的时候，选手发挥得比夏天好？

054.
问题

zuò shén me bǎn dèng zuì bù hǎo shòu
坐什么板凳最不好受？

055. 问题

tiān kōng tū rán wū yún mì bù jiē zhe shì diàn shǎn léi míng bà ba wèn ér zi wèi shén me wǒ men zǒng shì xiān kàn jiàn shǎn diàn zài tīng jiàn léi shēng ne nǐ zhī dào ér zi zěn me huí dá de ma

天空突然乌云密布，接着是电闪雷鸣。爸爸问儿子：“为什么我们总是先看见闪电，再听见雷声呢？”你知道儿子怎么回答的吗？

056. 问题

zěn yàngràng zì xíng chē hé huǒ
怎样让自行车和火
chē pǎo de yí yàngkuài
车跑得一样快？

tú dīngdiào le yòngshén me fāng
图钉掉了，用什么方
fǎ kě yǐ lì kè zhǎodào
法可以立刻找到？

yí gè hé shàng tiāo shuǐ hē liǎng gè hé shàng tái shuǐ hē sān gè hé shàng jì bù tiāo shuǐ yě bù tái shuǐ wèi shén me yě yǒu shuǐ hē

一个和尚挑水喝，两个和尚抬水喝，三个和尚既不挑水也不抬水为什么也有水喝？

058.
问题

nián qīng shí de huáng dòu jiào shén me

年轻时的黄豆叫什么？

059.
问题

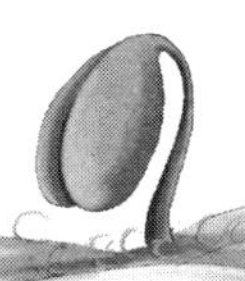

060.

问题

yí wèi guā nóng zài xī guā dì páng
一位瓜农在西瓜地旁
xiě le yí gè gào shì pái yǒu yí gè xī guā
写了一个告示牌：有一个西瓜
zhù shè le jù dú jǐ tiān hòu pái zǐ shàng
注射了剧毒！几天后，牌子上
duō le yì háng zì wèi shén me tā xīn lǐ lì
多了一行字，为什么他心里立
kè liáng le bàn jié
刻凉了半截？

lǐ shī fù zài yì bēi rè shuǐ qián zuò
李师傅在一杯热水前做
qì gōng zuì hòu zhōng yú shǐ bēi li méi yǒu rè
气功，最后终于使杯里没有热
shuǐ le tā shì zěn me zuò dào de ne
水了，他是怎么做到的呢？

061.

问题

参考答案

1. 他们都交了白卷。
2. 吃出半条虫子。
3. 医生说自己还有其他剪刀。
4. 迈第二步。
5. 她嫁给了青蛙王子。
6. 因为那天水池里没有水。
7. 油量表指针。
8. 他想让大家知道头发稀少有多难看。
9. 弟弟被洗了两次。
10. 棺材。
11. 它是在地图上爬的。
12. 因为这是一家兽医院。
13. 都是妈妈生的。
14. 心比天高。
15. 因为小明是一只狗。
16. 失眠。
17. 一个也掰不到，果园里不种玉米。
18. 昏过去的。
19. 因为货车司机没有开车。
20. 同一个大话只能说两次。
21. 他刷的是假牙。
22. 因为这个外国人的母语不是英语。
23. 因为羊圈里没有羊。
24. 他买的是玩具跑车。
25. 脚。
26. 没电的电风扇。
27. 打开皮包就能拿到。
28. 他按的是电视开关，电灯当然不亮。
29. 因为他是司机。
30. 车是他的。
31. 表示小鸡得了结石。
32. 惨叫声。

33. 蜈蚣脚多，还在门口穿鞋呢。
34. 老天爷。
35. 用笔写字。
36. 布朗双耳失聪。
37. 五角大楼。
38. 母猪不会数数。
39. 落水狗。
40. 他写上“查无此人”，再放到邮箱里。
41. 别人身上。
42. 不，是甜的。
43. 这次测验都是判断题。
44. 自己的同类。
45. 废话。
46. 光头的人。
47. 因为他是光头。
48. 泥人。
49. 牛皮（吹牛皮嘛）。
50. 变成了红豆。
51. 救命。
52. 光想是不用花钱的。
53. 因为冬天冷，选手想早点上岸。
54. 冷板凳。
55. 眼睛长在耳朵的前面。
56. 把自行车放在火车上。
57. 光着脚。
58. 有了自来水。
59. 青春痘（豆）。
60. 那一行字写的是：“现在有两个了。”
61. 他做了很久气功，热水变凉了。